Carnet de Vocabulaire

ESPAGNOL

Claude HELIES

HACHETTE
Éducation

Illustrations : Ricardo Veá
Maquette-Réalisation : Texte & Graphisme - Paris

ISBN : 2.01.019 127.7

AVANT-PROPOS

Vous abordez l'étude d'une langue vivante, l'espagnol. Vous rencontrez, leçon après leçon, des centaines de mots nouveaux. Même avec une excellente mémoire, il est impossible de tous les retenir du premier coup. C'est pour cela qu'a été créé ce carnet de vocabulaire. Complété au fur et à mesure de l'apprentissage, il deviendra un lexique d'autant plus utile et efficace qu'il est actif.

Un lexique actif
En complétant quotidiennement votre carnet, vous augmentez vos chances de mémoriser tout ce vocabulaire. Chaque fois que vous rencontrez un mot nouveau, recherchez-le dans la liste en espagnol, et inscrivez sa traduction en français. Puis retrouvez-le dans la liste en français, et notez sa traduction en espagnol (un bon moyen d'apprendre son orthographe). Vous avez ainsi deux fois plus de chances de le retenir !

L'aide-mémoire de grammaire
Les nombreux tableaux concernent les principales difficultés de la langue. Ils vous aideront à mieux vous y retrouver au milieu de toutes les nouvelles connaissances abordées en classe.

Les planches illustrées
Elles vous offrent une chance supplémentaire de retenir des mots regroupés par thèmes (salle de classe, vêtements, maison, etc.). Les illustrations comportent des numéros. Chaque fois que vous constatez qu'un numéro correspond à un mot que vous avez appris, notez-le sur la page de droite, en faisant bien attention à son orthographe.
Ce carnet est conçu pour vous aider à fixer le vocabulaire nouveau au fil des leçons. Pensez à l'utiliser chaque fois que vous travaillez l'espagnol à la maison, il deviendra vite un compagnon indispensable, et un atout pour réussir.

SOMMAIRE

A

abajo	en bas / dessous
abandono	
abanico	
abeja	
abrazo	embrassement / baiser
abrigo	
abril	avril
abuelo	papy / gd père
aburrir	ennuyer
acabar	finir
acariciar	
acaso	peut-être
acatarrar	
accidente	accident
acción	action
aceite	huile
aceituna	olive
acelerar	accelerer
acento	accent
acequia	
acera	trottoir
acercar	approcher
acero	
acertar	
aclarar	
acomodarse	
acompañar	accompagner
acondicionado	conditionner
aconsejar	conseiller
acordarse	se rappeler
acostarse	se coucher
acostumbrarse	s'accoutumer
actor	acteur
actriz	actrice
actuar	agir

acuerdo	
adelantar	avancer
adelgazar	maigrir
ademán	
además	en plus / de plus
adivinar	deviner
admirar	admirer
adrede	
aduana	
advertir	avertir
aeropuerto	aeroport
afición	aff
aficionado	habitué
afueras (las)	les alentours
agarrar	
agosto	aout
agotar	
agradar	
agrícola	
agua	eau
aguantar	supporter
águila	
aguja	
agujero	
ahogar	~~économiser~~
ahora	maintenant
ahorrar	economiser
ahorros	les économies
aislar	
aislamìento	
ajedrez	
ajo	
ala	
alameda	
álamo	

albañil
alcalde
aldea
alegre
alegría
alejar
alfombra
algo
algodón
alguien
almacén
almacenar
almendra
almendro
almohada
almorzar
almuerzo
alojarse
alpargata
alquilar
alquiler
alrededor
altavoz
altura
aludir
alumbrar
alumno
amable
amanecer
amapola
amar
amarillo
amasar
americana
amigo
amistad
amo
amontonar
ancho
anchura
anciano
andar
andén

ángel
animar
ánimo
anochecer
anteayer
antes
antiguo
antipático
anuncio
año
apagar
aparato
aparcar
aparecer
apellido
apenas
apetecer
apetito
apostar
apreciar
aprender
apresurarse
apretar
aprovechar
apuesta
apuntar
aquí
árbol
arca
arder
ardiente
arena
armario
arrancar
arrastrar
arreglar
arriba
arrodillarse
arroyo
arroz
arrozal
arruinar
artista

asar
asado
asegurar
asiento
asir
asistir
asomar
asombrar
aspecto
astuto
asustar
atar
atardecer
atención
atender
aterrizaje
aterrizar
atleta
átomo
atómico
atraco
atraer
atraso
atreverse
atropellar
atún
aun
aún
autobús
automóvil
autopista
avanzar
avaro
ave
avellana
avenida
avería
avisar
avispa
ayer
ayuntamiento
azafata
azotea
azotar
azúcar
azul
azulado
azulejo

B

bacalao
bachillerato
bailar
baile
bajar
bajo
balcón
baloncesto
banco
bandera
bandido
bañador
bañarse
bañera
baño
barato
barco
barrer
barrio
barro
bastante
bastar
basura
batalla

batido
beber
bebida
berenjena
besar
beso
biblioteca
bicicleta
bigote
billete
blancura
blando
boca
bocadillo
boda
bolígrafo
bolsa
bolsillo
bolso
bomba
bombero
bombilla
bonito
borrachera
borracho
borrador
borrar
bosque
bota
botella
brazo
brillar
broma
bromear
bueno
buey
bufanda
burla
burlarse
burro
buscar
buzón

C

caballo
cabeza
cabina
cabra
cada
caer
café
caja
cajero
cajón
calcetín
calcular
cálculo
calefacción
calentar
caliente
calor
caluroso
calzada
calzado
calzar
calzoncillos
callar
calle
cama
cámara (de comercio)
cámara (fotográfica)
camarero
cambiar
cambio

caminar
camino
camisa
camiseta
campana
campanario
campeón
campesino
campo
canción
cansancio
cansar
cantar
cante
caña
capaz
capricho
caprichoso
cara
caramelo
carbón
cárcel
cargar
caricia
cariño
cariñoso
carne
carnero
carnicería
caro
carrera
carretera
carro
carta
cartel
cartera
cartero
casa
casar
casco
caso
castaña
castañuela
castigar
castigo
castillo
casualidad
catarro
catástrofe
católico
caza
cazador
cazuela
cebolla
cegar
ceguera
cementerio
cena
cenar
cenicero
ceniza
cepillo
cera
cerca
cerdo
cereza
cerilla
cero
certeza
cerradura
cerrar
cerveza
césped
cesta
chabola
chaleco
chaqueta
charlar
chico
chimenea
chispa
chiste
chistoso
chocolate
chófer
chopo

chorizo
chupar
chupete
churro
ciego
cielo
ciento
cierto
cigarillo
cigüeña
cine
cinturón
circo
círculo
cita
claro
clase
clavel
clavar
clavo
cliente
clientela
clima
cobrar
cobre
cocer
cocina
cocinera
coche
codo
coger
cohete
col
colchón
coleccionista
colegio
colgar
coliflor
colina
colmena
colocar
color
comedor

comentario
comer
comercio
cómico
comida
comisaría
comisario
cómodo
compadecer
compañero
compañía
comparar
compra
comprar
comprobar
común
comunicar
concha
conducir
conejo
confesar
conformarse
conforme
confundir
conmover
conquista
conquistador
consecuencia
conseguir
consejo
consiguiente (por)
consumir
consumición
consumo
contaminación
contar
contento
contestación
contestar
continuar
convertir
convidar
copa

copla
corazón
corbata
cordero
cordillera
coro
corregir
correo
correr
corro
cortar
cortés
cortesía
corteza
cortina
corto
cosa
cosecha
coser
cosquillas
costa
costado
coste
costumbre
costura
coyuntura
crear
creer
criado
criar
criatura
cristiano
cruce
crudo
crueldad
cruz
cruzar
cuaderno
cuadro
cubo
cubrir
cuchara
cucharilla
cuchillo
cuello
cuenta
cuento
cuerda
cuerno
cuero
cuerpo
cuervo
cuesta
cuidado
cuidar
culebra
culpa
culpable
cultivo
cultura
cumpleaños
cumplir
curar

D

daño
dar
dátil
debajo
deber
débil
debilidad
decidir

decir
dedo
defender
dejar
delantal
delante
delgado
demasiado
dentista
dentro
deporte
derecha
derecho
derrochar
derroche
derrota
desaparecer
desarrollo
desayuno
descalzar
descanso
describir
descubrimiento
desde
desear
deseo
desempeñar
desesperación
desesperar
desgracia
desgraciado
desierto
desigual
desnudo
desobedecer
desobediente
desorden
despacio
despedir
despegar
despegue
despertador
despertar
despido
despilfarrar
despilfarro
después
destornillador
desván
detalle
detener
detrás
devolución
devolver
día
dibujar
dibujo
diente
difícil
dignidad
dinero
dios
director
dirección
disco
discutir
disfraz
disfrazar
disfrutar
disgustar
disgusto
disparar
disparo
distancia
distante
distinguir
distinto
distracción
distraer
divertir
dividir
divisar
doble
documentación
documento
doler

domingo
dorada
dormir
dormirse
ducha
ducharse
duda
dudar
duelo
dueño
dulce
dulzura
durante
duro

E

echar
edad
edificar
edificio
educar
eficaz
egoista
ejemplo
ejercer
ejercicio
ejército
electricidad
eléctrico
emigrante
empezar
empleado
emplear
empleo
empresa
empujar
empujón
enagua
enamorarse
encantador
encantar
encanto
encendedor
encender
encerrar
encima de
encontrar
encuentro
enchufar
enchufe
enemigo
energía
enero
enfadar
enfermedad
enfermo
enfrentar
enfrente
engañar
engordar
ensalada
enseñanza
enseñar
ensuciar
entarimado
entender
enterarse
entero
entonces
entrada
entrar
entrenar
entrevista
entusiasmarse

entusiasmo
envidia
envidioso
época
equipaje
equipo
equivocarse
error
escabeche
escala
escalera
escapar
escaparate
escena
escenario
esclavitud
esclavo
escoba
escoger
esconder
escopeta
escribir
escuchar
escuela
esfuerzo
espacio
espada
espalda
espantar
espanto
especias
especie
espectador
espejo
esperanza
esperar
espeso
espíritu
esponja
esposa
esquí
esquiar
esquina
estación
estatua
estilo
estorbar
estorbo
estrecho
estrella
estropear
estudio
estupendo
europa
europeo
exagerar
examinarse
excepcional
excepto
exigir
existencias (las)
existir
éxito
experimentar
explicar
explotar
expresar
exquisito
extranjero
extrañarse
extraño

F

fábrica
fácil
fachada
faena
falda
falso
falta
fama
familia
fantástico
fantasma
farmacia
farol
fastidiar
fastidio
favor
fe
febrero
fecha
fechar
felicidad
feliz
femenino
feria
feroz
ferrocarril
fiera
fiesta
fijar
fin
firme
finca
flaco
faqueza

flauta
flecha
flechazo
flojo
flor
florero
fondo
forastero
fracasar
fracaso
francés
franco
freir
freno
frente
fresa
fresco
frescor
frigorífico
frío
frialdad
frontera
fruta
fruto
fuego
fuente
fuera
fuerte
fuerza
fumar
fusil
fútbol
futbolista

G

gafas
galleta
gallina
gallo
gamba
gana
ganado
ganar
gancho
garaje
garbanzo
garra
gas
gaseosa
gasolina
gasolinera
gastar
gasto
gato
gaviota
gente
geografía
gesto
gimnasia
gitano
gobernar
gobierno
golosina
goloso
golpe
golpear
goma
gordo
gorrión
gota
gotear
gótico
gracia
gracias
gracioso
grado
gramática
granizo
grano
grasa
grave
gravedad
grifo
gris
grisáceo
gritar
grito
grúa
guapo
guardar
guardia
guerra
guerrear
guía
guiar
guión
guionista
guisante
guisar
guiso
guitarra
gustar
gusto

H

haba
habitación
habichuela
hablar
hacer
hacia
hallar
hambre
harina
hasta
helado
helar
hermano
hermoso
herramienta
hielo
hierba
hierro
higo
higuera
hija
hijo
hilo
hinchar
historia
hogar
hoja
hojear
holgar
holgazán
hombre
hombro
hondo
hondura
hongo
hora
horario
hormiga
hormiguero
hormigón
horno
hortaliza
hospital
hotel
hoy
huelga
huella
huerta
huerto
hueso
huésped
huevo
humano
humedad
húmedo
humildad
humilde
humear
humo
humorismo
humorístico

I

ida
ida y vuelta
idea
idioma
idiota
iglesia
igual
igualdad
ileso
ilusión
imagen
imbécil
importación
importante
importar
imprudente
incendio
independencia
indio
industria
inferior
influencia
influir
informática
informe
ingeniero
ingenuo
inmediato
inmenso
inmóvil
inocente
inquilino
instituto
instruir
instrumento
inteligente
interés
interno
intérprete
interviú
introducir
inútil
invadir
invasión
invasor
inventar
invento
invernadero
inversión
invertir
investigación
investigar
invierno
ir
ironía
irónico
isla
izquierda

J

jabalí
jabón
jamón
jardín
jaula
jefe
jersey
jinete
joven
judía
judío
juego
jueves
juez
jugador
jugar
juguete
juicio
julio
junio
juntar
junto
jurar
justicia
justo
juventud
juzgar

L

labio
labrador
labrar
ladera
lado
ladrar
ladrido
ladrillo
ladrón
lago
laguna
lámpara
lana
lápiz
largo
lástima
lata
lección
leche
leer
legumbre
lejos
lengua
leña
leñador
letra
levantar
ley

liberar
libertad
librería
libro
ligero
limón
limpiar
limpiera
limpio
línea
lío
listo
litro
lobo
loco
locura
loro
lotería
lucha
luego
lugar
luna
lunes
luciente
luz
llama
llamar
llanura
llave
llegada
llegar
llenar
lleno
llevar
llorar
lloro
llover
lluvia

M

maceta
macho
madera
madre
madreselva
madrugada
madrugar
maduro
madurez
maestro
maestría
magnetófono
maíz
maleta
malo
mamá
mamar
mancha
mandar
mando
manera
maniobra
mano
mano de obra
manta
mantequilla
manzana
mañana
mapa
máquina
mar
maravilla
maravilloso
marca

marco
marcharse
marearse
mareo
margen
marinero
mármol
martes
marzo
masa
matanza
matar
matemáticas
matrimonio
mayo
mayor
mecánico
media
medianoche
médico
mediodía
mejilla
mejor
melocotón
melón
memoria
menor
menos
mentira
mentiroso
menú
menudo (a)
mercado
merendar
merienda
mermelada
mes
mesa
meseta
mestizo
meter
mezcla
mezclar

micrófono
microsurco
miedo
miedoso
miel
mientras
miércoles
millón
mimar
mina
minero
minuto
mirada
mirar
misa
misa (del gallo)
mísil
misterio
mitad
mochila
moda
modo
mojar
molestar
molestia
molesto
molino
moneda
monedero
mono
montaña
monte
moño
morder
moreno
morir
mostrador
mostrar
motivo
motocicleta
mover
movimiento
muchacho

mucho
mudanza
mudar
mueble
muela
muerte
muerto
muestra
mujer
mula
multa
muñeca
muñeco
museo
música
músico
muy

N

nacer
nacimiento
nación
nada
nadar
nadie
nana
naranja
naranjo
nariz
nata
naturaleza
navaja
navidad
necedad
necesidad
necesitar
necio
negocio
negro
nene
nervio
nervioso
neumático
nevar
nevera
nido
nieto
nieve
ninguno
niñez
niño
noche
nochebuena
nochevieja
nombre
norte
notar
noticia
noticiero
novedad
novela
novelista
noviembre
novio
nube
nublado
nuclear
nuevo
nuez
número
numeroso
nunca

O

obedecer
obediente
objeto
obrero
obra
obstáculo
obtener
occidente
océano
octubre
ocupar
ocurrir
oeste
ofender
ofensa
oficina
oficio
ofrecer
oído
oír
ojo
ola
oler
oliva
olivo
olor
olla
olla de presión
olvidar
olvido
opinar
oponer
oportunidad
orden
oreja
orgullo
orgulloso
origen
orilla
oro
orquesta
oscuridad
oso
oscuro
otoño
oveja
oyente

P

paciencia
paciente
padecer
padre
padres
pagar
página
pago

país
paisaje
paja
pájaro
palabra
palacio
paladar
paladear
palmera
palo
paloma
pan
panadería
panadero
pantalón
pantalla
pantano
pantorrilla
pañuelo
papagayo
papel
paracaídas
paracaidista
parada
paraguas
paraíso
parar
parecer
pared
pareja
parentesco
paréntesis
pariente
paro
párpado
parque
parte
partidario
partido
partir
párrafo
parrilla
pasado
pasajero
pasaporte
pasar
pasear
paseo
pasillo
paso
paso de cebra
pastas
pastel
pastelería
pastor
pata
patata
patente
patio
pato
patria
patriota
pavo
pavo real
payaso
peaje
peatón
pecho
pedazo
pedido
pedir
pegar
pegatina
peinar
peine
pelear
película
peligro
peligroso
pelo
pelota
peluquería
pellizcar
pena
pendiente
pensamiento

peña
peñasco
peón
peor
pepino
pequeño
pera
percha
perder
pérdida
perdonar
peregrinación
peregrino
perejil
pereza
perezoso
perfección
perfecto
perfumar
perfume
periódico
periodista
perjuicio
permanecer
permiso
pero
perro
persiana
persuadir
pesadez
pesadilla
pesado
pesadumbre
pesca
pescado
pescador
peso
pestaña
pestañear
petróleo
pez
pico
pie
piedad
piedra
piel
pierna
pilar
pimienta
pimiento
pincel
pinchazo
pino
pintar
pintor
pintoresco
piña
pisar
piscina
piso
pitar
pito
pizarra
plan
planchar
planeta
plano
planta baja
plantar
plantear
plata
plátano
platillo
plato
playa
plaza
plazo
pleito
pluma
población
pobre
pobreza
poco
poder
poderoso
poema

poesía
poeta
polvo
pollo
polluelo
policía(el)
policía(la)
poner
poniente
portería
portero
poseer
postigo
postre
pozo
práctico
prado
precio
preciso
preferir
pregunta
preguntar
prejuicio
premio
prensa
presa
presencia
presidente
presidir
préstamo
prestar
presumido
presumir
presupuesto
primavera
primero
primo
princesa
príncipe
principio
prisa
prisionero
probar
problema
producción
producir
productor
profesor
programa
progreso
prohibir
promesa
prometer
pronunciar
propiedad
propietario
propina
proponer
propuesta
proyecto
prudencia
publicidad
pueblo
puente
puerta
puerto
puesto que
pulsera
punta
punto
puñado
puñal
puñetazo
puré
pureza
puro, a
puro(el)

QR

quedar
queja
quejarse
quemadura
quemar
querer
querido
queso
quieto
quietud
quisquilloso
quitar
quitasol
quizá

rabia
rabo
racismo
radiador
radio
raíz
rama
ramo
rapidez
rápido
raro
rascacielos
rata
rato
ratón
raya
rayo
razón
razonar
reacción
reactor
real
realidad
rebaja
rebanada
rebelde
receta
reciente
recoger
recolección
recordar
recorrer
recorrido
recreo
recto
red
redondo
reducir
reflejar
reflejo
reflexionar
refrán
refrescar
refresco
regadío
regalar
regalo
regar
regla
regreso
regular
reina
reinado
reinar
reino

reir
reja
relatar
relato
relámpago
relieve
reloj
remar
remo
remolacha
remordimiento
renuncia
reñir
repartir
reparto
repasar
repaso
repoblación
reportaje
reproche
resbalar
rescatar
rescate
resfriado
resfriarse
resolver
respaldo
respetar
respeto
restar
resultado
resumir
retrasar
retraso
retrato
retroceder
revisar

revisor
rey
rezar
rico
ridículo
rincón
riña
río
riqueza
risa
ritmo
rizar
robar
roble
robo
roca
rodar
rodear
rodilla
rogar
rojo
románico
romper
ropa
ropero
rosario
rosa
rosal
rostro
rozar
rubio
rueda
ruedo
ruego
ruido
ruina

S

sábado
sábana
saber
sable
sabor
saborear
sabroso
sacacorchos
sacar
sacerdote
sacudida
sacudir
sal
sala
salchicha
salchichón
saldar
saldo
salida
salir
salón
saltar
salto
salud
saludo
salvación
salvaje
salvo
sandía
sangrar
sangre
sangriento
sanidad
sano
sardina
sartén
sastre
secano
secar
seco
secretario
secreto
sed
seda
segador
segar
seguida(en)
seguir
según
seguro
selva
sello
semáforo
semana
sembrar
semilla
sencillez
sencillo
sentarse
sentido
sentimiento
sentir
señal
señalar
señor
señorita
septiembre
sequía
ser
seriedad

serio
serpiente
servilleta
servicio
servicios(los)
servir
serrano
severo
sidra
siempre
sierra
siesta
sigla
siglo
siguiente
silencio
silla
sillón
simpatía
simpático
sin
sincero
sitio
situar
soberbia
sobrar
sobras(las)
sobre
sobre(el)
sobresaliente
sobrino
sociedad
socio
socorrer
socorro
sol
soledad
solemne
solo
soltar
soltero
soltura
sollozar
sollozo
sombra
sombrero
sombrilla
sonar
sondeo
sonido
sonoro
sonreir
sonriente
sonrisa
soñar
sopa
soplar
soportar
soporte
sordera
sordo
sorprender
sorpresa
soso
sospecha
sospechoso
sótano
suave
suavidad
subdesarrollo
súbdito
subida
subir
subrayar
suciedad
sucio
sueldo
suelo
sueño
suerte
sujetar
sujeto
sumar
supermercado
súplica
suprimir

sur
surcar
surco
surtidor
suspender
suspirar
suspiro
susto

T

tabaco
tabique
tabla
tablero
tajada
talla
taller
tallo
tamaño
también
tambor
tapa
tapar
tapia
taquilla
tarde
tarea
tarjeta
taxi
taza
tazón
te
teatro
tebeo
tecla
teclado
técnica
técnico
teja
tejado
tejer
tejido
tela
telefonear
teléfono
telegrama
televisor
temblar
temer
temeroso
temor
tempestad
templado
templar
temporada
temprano
tendero
tenedor
tener
término
ternera
ternura
terraza
terremoto
terreno
tesoro
testarudo
testigo
testimonio
tetera
tibieza
tibio
tiempo
tienda

tienda(de campaña)
tierno
tierra
tijeras
timbre
timidez
tímido
tinta
tintero
tinto(vino)
tío
típico
tirar
tirar de
tiritar
tiro
tiza
toalla
tocado
tocador
tocar
tocadiscos
todavía
tomar
tomate
tono
tontería
tonto
tormenta
tornillo
toro
torpe
torpeza
torre
torrente
tortilla
tos
toser
tostada
tostar
trabajador
trabajo
tractor
traducir
traer
tráfico
tragar
trago
traje
tranquilo
transeúnte
transporte
tranvía
trapo
trasladar
traslado
tratado
tratar
travesura
travieso
tren
trepar
trigal
trigo
tristeza
triunfar
triunfo
tronco
tropa
tropezar
trópico
trotar
trote
trozo

UV

último
ultramarinos
umbral
único
universidad
untar
uña
urgencia
urgente
usar
uso
útil
utilizar
uva

vaca
vacaciones
vaciar
vacilar
vacío
vago
vagón
valer
valiente
valioso
valor
valla
valle
vanidad
vanidoso
vano
vaquero
vaquero(pantalón)
variedad
vario
varón
vaso
vecindario
vecino
vejez
vela
velocidad
veloz
vencedor
vencer
vendedor
vender
vendimia
vendimiador
veneno
venganza
vengar
venir
venta
ventaja
ventana
ver
veraneante
veranear
verano
verdad
verdadero
verde
verdura
vergüenza
verso
vestido
vestir
vez
vía

viajar
viaje
viajero
víbora
víctima
vid
vida
vidrio
viejo
viento
vientre
viernes
vigilar
vinagre
vino
viña
viñedo
violencia
violín
virgen
visita
visitante
visitar
vislumbrar
víspera
vista
vivienda
vivir
vivo
volar
volcar
volumen
voluntad
volver
votación

YZ

ya
yegua
yema
yeso

zaguán
zanahoria
zancadilla
zapatero
zapatilla
zapato
zarza
zona
zoológico
zorro
zumo
zurdo

A

abandon
abat-jour
abeille
abîmer
abri
accélérer acelerar
accent acento
accident accidente
accompagner acompañar
accomplir c
accord acuerdo
accrocher
acheter comprar
achever accabar
acier
acteur actor
actrice actriz
action acción
addition adición
additionner adicionar
affaire
affiche
affirmer
âge
agenouiller(s')
agir
agneau
agréable
agricole
aide
aigle
aiguille
ail
aile
ailleurs(d')

aimable
aimer
ainsi
air
aisance
ajouter
alentours
allée
aller
aller-retour
allumer
allumette
allusion
alors
amande
amandier
amasser
amateur
âme
ami
amitié
ampoule
amusant
amuser
an
ananas
ancien
âne
ange
anniversaire
annonce
annoncer
antipathique
août
apercevoir

apparaître
appareil
appartement
appeler
appétit
apporter
apprécier
apprendre
approcher
après
arbre
ardent
ardoise
argent
arme
armée
armoire
arracher
arranger
arrêt
arrêter
arriver
arroser
art
artiste
aspect
asseoir
assez
assiette
assister
associé
assurer
atelier

athlète
atôme
attacher
attendre
attention
attirer
attraper
aubergine
auditeur
aujourd'hui
autobus
autocollant
automne
automobile
autoroute
autour
avaler
avancer
avant
avantage
avant-hier
avare
avenue
avertir
aveu
aveugle
aveuglement
aveugler
avis
avouer
avril
axe

B

baccalauréat
bagages
baigner
baignoire
bain
baiser
bal
balai
balayer
balcon
ballon
banane
banc
bande dessinée
bandit
banque
barrage
bas
basket-ball
bataille
bateau
bâton
beau
beaucoup
beauté
bébé
bec
beignet
berceuse
bercer
berger
bétail
bête
béton
betterave
beurre
bibliothèque
bicyclette
bière
biller
biscotte
biscuit
bizarre
blancheur
blé
bleu
bleuâtre
blond
blue-jeans
boeuf
boire
bois
boisson
boîte
boîte aux lettres
boîte (conserve)
bol
bon
bon marché
bonbon
bonheur
bonne
bonnet
botte
bouche
boucher
boucherie
boue
boulanger
boulangerie

bousculer
bouteille
boutique
bracelet
branche
brancher
bras
brebis
briller
briquet
briser
brosse
bruit
brûler
brûlure
brun
bruyant
bureau

C

cabane
cabine
cacher
cadeau
cadre
café
cage
cahier
caisse
caissier
cajoler
calcul
calendrier
calme
caméra
campagne
canal
canal d'irrigation
canard
canif
canne
caoutchouc
capable
cape
caprice
capricieux
caractère
caresse
caresser
carotte
carré
carreau
carte
cas
casque
casquette
casserole
castagnette
catastrophe
catholique
cauchemar
cavalier
cave
célébrer
célibataire
cendre
cendrier
centime
centre
ceinture
cercle
cerise
certain
certitude

chacun
chaîne
chaise
chaleur
chambre
champignon
champion
chance
change
chanson
chant
chapeau
chapelet
chaque
charbon
charger
chasse
chasseur
chat
châtaigne
château
châtiment
chatouille
chatouilleux
chaud
chauffage
chauffer
chaussée
chaussette
chaussure
chef
chemin
chemin de fer
chemise
chemisette
chemisier
chêne
cher
chercher
cheval
cheveux
chèvre
chèvrefeuille

chien
chiffon
chignon
chocolat
chœur
choisir
chômage
chômeur
chose
chou
chou-fleur
chrétien
christ
cible
cidre
ciel
cigare
cigarette
cigogne
cil
cimetière
cinéma
circulation
cire
cirque
ciseaux
citron
clair
clavier
clef
client
climat
cloche
cloison
clôture
clou
clouer
clown
cocotte-minute
cœur
coffre
coiffeur
coiffure

coin
coin(de rue)
col (chemise)
col (montagne)
collectionneur
collège
colle
coller
colline
combattre
comique
commande
commander
comme
commencement
commencer
comment
commenter
commerçant
commerce
commissaire
commissariat
commode
commode (meuble)
commun
communiquer
compagnie
compagnon
comparer
conprendre
compte
compter
concierge
conciergerie
conclure
concombre
conditionné (air)
conducteur
conduire
confiture
congédier
conjoncture
conquête
conseil
conseiller
conséquences
conséquent (par)
consommation (boisson)
consommation (société)
consommer
conte
contenir
content
contenter
conter
continuer
contraire
contravention
contrôle
contrôleur
conversation
convertir
convier
coq
coquelicot
coquillage
coquin
corbeau
corde
cordonnier
corne
corps
corriger
cosmonaute
costume
côte
côté
coton
cou
coucher (se)
coude
coudre
couleur
couleuvre
couloir
coup

coup de feu
coup d'œil
coupable
couper
cour
courage
courir
course
courrier
courtois
cousin
coussin
couteau
coût
coûter
coutume
couvercle
couverture
couvrir
craie
craindre
crainte
craintif
cravate
crayon
créer
crême
crevaison
crevette
cri
crier
critiquer
croc en jambe
crochet
croire
croisement
croiser
croitre
croix
cru
cueillette
cueillir
cuillère
cuillère à café
cuir
cuire
cuisine
cuisiner
cuisinière
cuivre
cultiver
culture
curieux
cycliste

D

danger
dangereux
danse
danser
date
dater
datte
daurade
début
décembre
déchausser
déchirer
déchirure
décollage
décoller
découper
découverte
décrire

dedans
défaite
degré
déguiser
déguisement
dehors
déjà
déjeuner (petit)
déjeuner
délai
demain
demander
dent
dentiste
départ
dépendre
dépense
dépenser
depuis
dernier
derrière
descendre
descente
description
désert
désespérer
déshabiller
désir
désirer
désobéir
désobéissant
désordre
dessein
dessert
dessin
dessiner
dessous
détacher
détail
détour
détourner
devancer
devant

développement
développer
deviner
devoir
dialogue
dieu
difficile
dignité
dimanche
dinde
dîner
dire
directeur
diriger
discuter
disparaître
disputer
disque
dissimuler
distance
distinct
distraction
distraire
divertir
diviser
doigt
domestique
dominer
dommage
donner
dos
dossier
douane
double
doubler
douche
doute
doux
drap
droit
droite
durant
durée

E

eau
échapper
écharpe
échec
échecs (jeu)
échelle
éclair
éclairer
école
économie
économies (les)
économiser
écorce
écouter
écran
écrire
édifice
édifier
éduquer
effacer
effort
effrayer
effroi
égal
église
égoiste
élégant
électricité
électrique
élève
élever
éloigner
embarquer
embêter
embêtant
embrasser
émigrant
émigrer
émouvoir
emploi
employé
employer
ému
encaisser
enchantement
enchanter
encore
encourager
encre
endormir(s')
endurer
énergie
enfance
enfant
enfermer
engraisser
enlever
ennemi
ennuyer
enquête
enquêter
enrhumer(s')
ensoleillé
ensuite
entendre
enthousiasme
entourer
entrainer(s')
entrée
entreprise

entrer
envahir
envahisseur
enveloppe
envelopper
envie
envieux
épais
épaule
épée
épicerie
épices
éponge
époque
épouse
éprendre(s')
éprouver
épuiser
équipement
escalader
escalier
esclavage
esclave
espace
espadrille
espiègle
espièglerie
espoir
esprit
essayer
essence
estivant
étage
été

éteindre
étendre
étincelle
étoile
étonner
étonnement
étouffer
étrange
étranger
étroit
étude
étudier
europe
européen
éventail
évoquer
examen
exceller
exceptionnel
exemple
exercer
exercice
exiger
existence
exister
expérience
explication
expliquer
exploiter
exprès
exprimer
extérieur
externe

F

façade
face
face à
facile
facteur
fade
fadeur
faible
faiblesse
faim
faire
fameux
famille
fantastique
fantôme
farine
fatigue
faucher
faute
fauteuil
fauve
faux
faveur
femelle
femme
fenêtre
fer
ferme
fermer
féroce
fête
fêter
feu
feuille
feux (circulation)
fève
février
fiancé
fier
figue
figuier
fil
filet
film
fils
fin
finir
fixer
flamme
fleur
flûte
foi
foie
foire
fois
folie
fond
fondre
fontaine
football
force
forêt
forme
fort
fou
fouetter
fouler (sol)
four
fourchette
fourmi

fourmilière
foyer
fraîcheur
frais
fraise
franc
français
frapper
frayeur
frein
friandise
frigidaire
frire
friser
froid
frôler
fromage
front
frontière
fruit
fumée
fumer
fusée
fusil
fusil de chasse

GH

gagnant
gagner
gain
garage
garçon
garder
gardien
gare
garer (voiture)
gaspillage
gaspiller
gâteau
gauche
gaucher
gaz
gazon
gel
geler
genou
gens
géographie
geste
gilet
gitan
glace
glacière
gonfler
gorgée
gothique
gourde
gourmand
gourmandise
goût
goûter (le)
goûter
goutte
gouvernement
gouverner
grandeur
grand-mère
grand-père
grain
graisse
graisser
grammaire
gratte-ciel

gratter
grêle
grenier
grenouille
grève
grelotter
griffe
gril
grille
griller
grimper
gris
gros
grossir
groupe
guerre
guêpe
guichet
guide
guider
guitare
gymnastique

habit
habitude
habituer
haricot
haricot vert
hasard
hâte
hâter(se)
haut
haut(en)
hauteur
haut-parleur
herbe
hésitation
hésiter
heure
heureux
hier
histoire
hiver
hold-up
homme
honte
honteux
hôpital
hôte
hôtel
hôtesse
huile
humble
humide
humidité
humilité
humoristique
humour

IJ

ici
idée
idiome
idiot
île
illusion
image
imaginer
imbécile
imiter
immédiat
immense
immobile
impatient
importance
importer
impossible
incendie
indemne
indépendance
indien
industrie
inégal
inégalité
influence
influent
informatique
informer
ingénieur
ingénu
innocence
installer
instrument
intelligence
interdire
intéressant
intérêt
interne
interprète
interview
introduire
inutile
invasion
invention
investir
investissement
inviter
ironie
ironique
irrigation
irriguer
isolement
isoler
ivre
ivresse
jamais
jambe
jambon
janvier
jardin (agrément)
jardin potager
jaune
jaune d'œuf
jeter
jeu
jeudi
jeune
jeunesse
joie
joindre

joli
joue
jouer
jouet
joueur
jour
journal
journaliste
joyeux
juge
jugement
juger

juif
juillet
juin
jupe
jupon
jurer
jus
jusque
juste
justice
justifier

L

laboureur
lac
lâche
lâcher
laid
laine
laisser
lait
lampadaire
lampe
lance
langue
lapin
large
larme
laver
leçon
léger
légume sec
légume vert
lendemain
lentement
lever
lever du jour

lèvre
lévrier
libérateur
libérer
liberté
librairie
libre
licenciement
licencier
lieu
limonade
lire
lit
litre
livraison
livre
livrer
locataire
logement
loger
loi
loin
long
loterie

louer
loup
loyer
lumière
lundi
lune
lunettes
lutte
luxe

M

machine
maçon
magasin
mai
maigre
maigrir
maillot de bain
main
main d'œuvre
maintenant
maire
mairie
mais
maison
maître
majeur
malade
maladie
maladresse
maladroit
mâle
malgré
malheur
malheureux
malin
maman
manger
manière
manœuvre
manquer
manteau
marbre
marcher
mardi
marécage
marge
mari
mariage
marier
marin
marinade
matelas
mathématiques
matin
mécanicien
mécanique
médecin
meilleur
mélange
mélanger
melon
mémoire
mensonge
menteur
menu
mer
merci
mercredi
merveille
merveilleux

messe
messe de minuit
métier
métis
métro
mettre
meuble
meubler
miel
mignon
milk-shake
million
mince
mine
mineur
minuit
minute
miroir
missile
mode
moineau
mois
moisson
moissonner
moitié
molaire
mollet
monde
monnaie
montagne
monter
montre
montrer
moquer(se)
moquerie
morceau
mordre
mort
morue
motif
motocyclette
mou
mouchoir
mouette
mouiller
moustache
mouton
mouvement
mur
mûr
musicien
musique
mystère
mystérieux

N

nager
naissance
naître
nation
nature
nécessaire
nécessité
neige
nerf
nerveux
nettoiement
nettoyer
neuf
neutre
neveu
nez
nid
nièce
noël
noir
noisette
noix
nom
nom de famille
nombre
nombreux
note
noter
nougat
nouveau
nouveauté
nouvelle

OP

obéir
obéissant
obscur
obscurité
obstacle
obtenir
occident
occuper
océan
octobre
odeur
œil
œillet
œuf
offense
offenser
offrir
oignon
oiseau
olive
olivier
ombre
ombrelle
omelette

oncle
ongle
opposer
or
orage
orange
oranger
orchestre
ordre
ordures
oreille
oreiller
orgueil
orgueilleux
origine
ordonnance (médicale)
os
oser
oubli
oublier
ouïe
ours
outil
outre(en)
ouvert
ouvrier
ouvrir

page
paiement
paille
pain
pain grillé
paire
palais (roi)
palais (bouche)
palissade
palmier
panier
panne
pantalon
pantoufle
paon
papa
papier
papiers (identité)
parachute
paradis
paragraphe
parapluie
parasol
paraître
parc
parcourir
parcours
pardonner
parent
parenté
parents (père/mère)
parenthèse
paresse
paresseux
parfait
parfum
parfumer
pari
parier
parler
parole
part
partenaire
parti
participer
partie
partir
partisan
pas
passable
passager
passant
passeport
passer
pastèque
pâte
pâtes (alimentaires)
patent

patère
patience
patient
patin
patiner
patisserie
patrie
patriote
patte
paume
pauvre
pauvreté
payer
pays
paysage
paysan
péage
pêche
pêche (fruit)
péché
pêcher
pêcheur
pédaler
peigne
peigner
peindre
peine
peintre
peinture
pèlerin
pèlerinage
pendre
pensée
perdre
père
permission
perroquet
persienne
persil
personne
persuader
perte
pesant
peser
petit
petit-fils
pétrir
pétrole
peu
peuple
peuplier
peur
peureux
peut-être
pharmacie
photographie
phrase
pièce
pied
pierre
piéton
pigeon
pilier
piment
pin
pinceau
pincer
piquer
piqûre
pire
piscine
pitié
pittoresque
place
placer
plafond
plage
plaindre(se)
plaine
plainte
plaire
plaisant
plaisanterie
plan (projet)
plan (dessin)
planche

plancher
planète
plante
planter
plat
plâtre
plein
pleurer
pleuvoir
plonger
pluie
plume
pneumatique
poche
poêle (à frire)
poème
poète
poids
poignard
poignée
poignet
poil
poing
point
pointe
pointu
pois (petits)
pois-chiches
poison
poisson
poitrine
poivre
poivron
police
policier
politique
pollution
pomme
pomme de terre
pompe
pompier
pont
population
porc
porche
port
porte
portefeuille
porte-manteau
porte-monnaie
porter
portrait
posséder
poste (courrier)
pot
pot de fleurs
poule
poulet
pourboire
pousser
poussière
poussin
pouvoir
pratique
pré
précieux
préférer
préjudice
préjugé
prendre
préoccuper
préparer
près
présence
présenter
président
présider
presque
presse
prêt
prétentieux
prêter
prétexte
prêtre
prince
princesse

prier
prière
printemps
prise
prison
prisonnier
prix
prix (récompense)
problème
procès
proche
production
produire
professeur
profiter
profond
profondeur
programme
progrès
progresser
proie
projet
promenade
promener
promesse
promettre
prononcer
prononciation
proposer
proposition
propre
propreté
propriétaire
propriété
protéger
proverbe
prudence
public
publicité
puis
puisque
puissance
puissant
puits
pull-over
punir
punition
pur
pureté
purée

QR

quai (gare)
quai (port)
quantité
quartier
quelconque
quelque chose
quelqu'un
rabais
rabaisser
race
racine
racisme
radiateur
radio
rafraîchir
rafraîchissement
rage
raisin

rame
rameau
rapide
rapidité
rappeler(se)
rapport
rapport(par)
rare
ravir
rat
rayon
rayure
réacteur
réagir
réaliser
réalité
rebelle
rebeller(se)
reboisement
récent
recette
récit
récolte
récompenser
record
récréation
recueillir
recul
reculer
réduire
réel
réfléchir
reflet
réflexe
refroidir
refroidissement
regard
regarder
règle (école)
règne
régner
regretter
reine
réjouir(se)
relief
religion
remarque
remarquer
remède
remords
remplir
renard
rencontre
rendez-vous
rendre
renoncer
renverser
repas
repasser
répéter
repeupler
répondre
réponse
repos
reposer(se)
réputation
requête
résister
résoudre
respect
respecter
rester
restes (les)
résultat
résumé
résumer
retard
retarder
retour
retourner(se)
réunir
réussir
réussite
rêve
rêver
réveille-matin

réveiller
revenir
réverbère
réviser
revue
rez de chaussée
rhume
riche
richesse
ridicule
rire
rire(le)
rivage
rivière
riz
rizière
robe
robinet
rocher
roi
romancier
rompre
ronces
rond
rose
rosier
roseau
rouge
rouler
route
royal
royaume
rûche
rue
ruine
ruiner
ruisseau
rythme

S

sable
sabre
sac
sac à dos
safran
saigner
sain
saint
saisir
saison
salade
salaire
sale
saleté
salir
salle à manger
salon
salut
samedi
sandwich
sang
sanglant
sanglot
sangloter
santé
sardine
saucisse
saucisson
sauf
saut
sauter
sauvage
sauvetage
saveur

savoir
savon
savourer
savoureux
seau
sceller
scénario
scénariste
scène
science
sec
sécher
sécheresse
seconde
secouer
secourir
secours
secousse
secret
secrétaire
sein
sel
selon
semaine
semence
semer
sens
sentiment
sentir
septembre
serein
sérieux
serpent
serrer
serveur
service
serviette(éponge)
serviette(table)
seuil
seulement
sévère
siècle
siège

sieste
sifflement
siffler
sifflet
sigle
signal
signaler
signe
silence
silhouette
simple
simplicité
sincère
singe
situation
situer
ski
skier
slip
société
soie
soif
soigner
soin
soir
sol
soleil
solennel
solitude
son
songe
sonner
sonnette
sortie
sortir
sot
sottise
souci
soucoupe
souffle
souffler
souffrance
souffrir

soulier
souligner
soumettre
soupçon
soupçonner
soupe
soupir
sourcil
sourd
souriant
sourire
sourire(le)
souris
sous
sous-développement
sous-marin
soustraire
soutenir
souvenir(le)
souvenir(se)
souvent
spatial
spécialiste
spectacle
spectateur
sport
sportif
sportif(le)
station service
stocker
stocks
style
stylo plume

stylo à bille
succès
sucer
sucette
sucre
sud
suffire
suggérer
suivant
suivre
sujet (grammaire)
sujet (roi)
sujet (discussion)
superbe
supérieur
supermarché
supplier
support
supporter
supposer
supprimer
sur
sûr
sûreté
surdité
surprendre
surprise
surveillant
surveiller
survenir
sympathie
sympathique

tabac
tabacs (bureau de)
table
tableau (noir)
tableau (peinture)
tablier
tache
tâche
tacher
taille
tailleur
taire
tambour
tante
tard
tarder
tasse
technicien
technique
télégramme
téléphone
téléphoner
téléviseur
témoin
température
tempéré
tempérer
tempête
temps
tendre
tendresse
tente
terme
terminer
terrain
terrasse
terre
tête
têter
têtine
têtu
texte
thé
théière
théâtre
thon
tiède
tige
timbre
timide
timidité
tir
tire-bouchon
tirer
tiroir
tissu
titre
toilette
toilettes (les)
toit
tomate
tomber
ton
tonnerre
torrent
tôt
toucher
toujours
tour
tourisme

touriste
touristique
tourne-disque
tourner
tournevis
tousser
tout de suite
toux
trace
tracer
tracteur
train
trainer
traité
tranche
traduire
tramway
tranquille
transférer
transfert
transformer
transport
travail
travailler
travailleur
trébucher
tremblement de terre
trembler
trembler de froid
trésor
triomphe
triste
tristesse
trompe
tromper
tromper(se)
tronc
trop
tropique
trot
trotter
trottoir
trou
troupe
troupeau
trouver
tuile
tunnel

VW... Z

vacances
vache
vacher
vagabond
vague
vague(la)
vaincre
vainqueur
valeur
valise
vallée
valoir
vanité
variété
vase
veau
veiller
véloce
vendange
vendangeur
vendeur
vendre

vendredi
vénéneux
vengeance
venger
venir
vent
vente
ventre
ver
verdure
verglas
vérifier
véritable
vérité
verre
verre à pied
vers
vers(le)
versant
vert
veste
vestibule
vêtement
vêtir
viande
victime
victoire
vide
vider
vie
vierge
vieillard
vieillesse
vieux
vigile
vigne
vignoble
village
villageois
ville
vin
vinaigre
violence

violon
vipère
vis
visage
viser
visite
visiter
visiteur
vite
vitesse
vitre
vitrine
vivant
vivre
voie
voile
voir
voisin
voisinage
voiture
voix
vol
voler (oiseau)
voler (dérober)
volet
voleur
volontaire
volonté
volume
vote
voter
vouloir
voyage
voyageur
vue
vulgaire

wagon

zéro

L'APOCOPE

L'apocope est la chute de la voyelle ou de la syllabe finales dans certaines conditions :

alguno, ninguno, bueno, malo, primero, tercero	**perdent leur o final devant un nom masculin singulier**	algún, ningún hombre un buen, un mal libro el primer, et tercer aviso
grande — gran cualquiera — cualquier	**devant un nom** **masculin ou féminin**	una gran casa, un gran barco cualquier chico, cualquier chica
santo — san	**devant un nom de saint**	San José, San Juan *exceptions :* Santo Domingo Santo Tomás
tanto — tan	**devant un adjectif ou un adverbe**	tan rápido, tan lejos
ciento — cien	**devant un nombre ou un nom**	cien mil, cien años
reciente — recién	**devant certains participes passés**	recién casado recién pintado

LES POSSESSIFS

	Adjectifs possessifs		Pronoms possessifs
	avant le nom	**après le nom**	
1re p. sing.	mi, mis	mío, mía, míos, mías	el mío, la mía, los míos, las mías
2e p. sing.	tu, tus	tuyo, tuya, tuyos, tuyas	el tuyo, la tuya, los tuyos, las tuyas
3e p. sing.	su, sus	suyo, suya, suyos, suyas	el suyo, la suya, los suyos, las suyas
1re p. plur.	nuestro, nuestra, nuestros, nuestras		el nuestro, la nuestra, los nuestros, las nuestras
2e p. plur.	vuestro, vuestra, vuestros, vuestras		el vuestro, la vuestra, los vuestros, las vuestras
3e p. plur.	su, sus	suyo, suya, suyos, suyas	el suyo, la suya, los suyos, las suyas

Remarque :

Les possessifs qui correspondent à la formule de politesse **(Usted/Ustedes)** sont ceux de la **troisième personne**.

LES PRONOMS PERSONNELS

Sujets	Compl. directs	Compl. indirects	Réfléchis	Après préposition
yo	me	me	me	(para) mí
tú	te	te	te	(para) ti
él	lo/le	le	se	(para) él/sí (réfléchi)
ella	la	le	se	(para) ella/sí (réfléchi)
nosotros, as	nos	nos	nos	(para) nosotros
vosotros, as	os	os	os	(para) vosotros
ellos	los	les	se	(para) ellos/sí (réfléchi)
ellas	las	les	se	(para) ellos/sí (réfléchi)
Usted masc.	le	le	se	(para) Usted
Usted fem.	la	le	se	(para) Usted
Ustedes masc.	les	les	se	(para) Ustedes
Ustedes fem.	las	les	se	(para) Ustedes

Remarques

1. **CON**

Après la préposition CON, on emploie des formes spéciales avec :

– la 1re et 2e pers. du singulier **conmigo**
contigo
– la 3e personne réfléchie **consigo.**

2. **ENCLISE**

Les pronoms personnels se soudent **obligatoirement** au verbe lorsque celui-ci est :

– à l'infinitif → **darle**
– à l'impératif → **dale**
– au gérondif → **dándole**

3. **Lorsque DEUX pronoms personnels se suivent,** dans tous les cas, le pronom indirect précède le pronom direct.

ex. il me le dit **me lo dice**
dis-le moi **dímelo**

4. **Lorsque deux pronoms de la troisième personne se suivent,** le pronom indirect se transforme en SE au singulier et au pluriel.

ex. tu le lui diras **se lo dirás**
tu le leur diras **se lo dirás**
donne-la lui **dásela**
donne-les lui (livres) **dáselos**

LES DÉMONSTRATIFS

• FORMES

1. Adjectifs

	PLAN DU MOI		PLAN DES AUTRES			
	MOI		TOI		LUI	
	Masc.	Fem.	Masc.	Fem.	Masc.	Fem.
Singulier	este	esta	ese	esa	aquel	aquella
Pluriel	estos	estas	esos	esas	aquellos	aquellas

2. Pronoms

	Masc.	Fem.	Neutre	Masc.	Fem.	Neutre	Masc.	Fem.	Neutre
Singulier	éste	ésta	esto	ése	ésa	eso	aquél	aquélla	aquello
Pluriel	éstos	éstas		ésos	ésas		aquéllos	aquéllas	

Les pronoms se différencient des adjectifs par la présence d'un **accent écrit** sur la voyelle tonique. ESTO, ESO, AQUELLO, pronoms neutres ne portent pas d'accent.

• EMPLOI

ESTE : désigne un objet 1/ qui concerne la personne qui parle (MOI).
ex. Este coche es mío.
2/ qui est proche de celui qui parle, dans l'espace ou dans le temps.
ex. En este mundo *Dans notre monde*
En esta época *Á notre époque*

ESE : désigne un objet 1/ qui concerne l'interlocuteur.
ex. Ese libro es tuyo.
2/ qui se trouve dans le voisinage de celui qui parle.
ex. Dame ese libro que está en la mesa.

AQUEL : désigne un objet 1./ qui concerne une 3e personne (ni TOI, ni MOI).
ex. ¿De quién es aquel libro ?
2/ éloigné dans l'espace ou dans le temps.
ex. En aquellos tiempos *En ce temps là*

• VALEURS PARTICULIÈRES DES DÉMONSTRATIFS

AQUEL : peut avoir une valeur emphatique, admirative.
ex. Aquella mujer es encantadora.

ESE : peut avoir une valeur péjorative.
ex. Esos borrachos me dan asco.

C'EST ... QUE

Cette tournure de renforcement est un gallicisme, elle sera rendue en espagnol de différentes façons.

1. Complément de TEMPS : QUE = CUANDO

ex. Hoy es cuando llega mi amigo.
C'est aujourd'hui qu'arrive mon ami.

ex. Entonces fue cuando apareció.
C'est alors qu'il apparut.

2. Complément de LIEU : QUE = DONDE

ex. Aquí es donde vivo.
C'est ici que je vis.

ex. Aquí era donde trabajaba.
C'est ici que je travaillais.

3. Complément de MANIÈRE : QUE = COMO

ex. Así es como lo hago.
C'est ainsi que je le fais.

ex. Así fue como lo hice.
C'est ainsi que je l'ai fait.

REMARQUES

A/ Noter la place du verbe SER.

B/ Noter la concordance des temps.

es	**llega**	Présent
era	**trabajaba**	Imparfait
fue	**hice**	Passé Simple

TRADUCTION DE L'INDÉFINI " ON "

L'espagnol ne dispose pas d'un pronom indéfini équivalent au pronom français " on ", il utilise d'autres solutions.

1. Tournure réfléchie : SE + verbe à la 3e personne.

ex. Aquí se come bien. *Ici on mange bien.*
Se vende una casa. *On vend une maison.*
Se oyen los aviones. *On entend les avions.*

Mais attention : quand le C.O.D. est une personne, on le fait précéder de la préposition **a** et le verbe ne s'accorde pas.

ex. Se aplaude a los actores.

2. " ON " a le sens de " NOUS " : 1re personne du pluriel

ex. Esta noche vamos al cine.
Ce soir on va au cinéma.

3. " ON " fait allusion à UNE ou PLUSIEURS personnes qu'on ne connaît pas : on utilise la 3e personne du pluriel.

ex. Llaman a la puerta.
On frappe à la porte.
Robaron la cartera de esta señora.
On a volé le portefeuille de cette dame.

4. " ON " dans le sens de " JE " : UNO : (UNA) + verbe à la 3e personne singulier.

ex. Uno desea descansar (utilisé dans la langue orale).

LE PRONOM RELATIF " DONT "

1. DONT est complément d'un verbe ou d'un adjectif : DE + Pronom relatif (**del que, del cual, de quien**, etc.)

ex. El amigo de quien te hablé.
L'ami dont je t'ai parlé.

Es un cuento del que no me acuerdo.
C'est une histoire dont je ne me souviens pas.

2. DONT est complément d'un numéral ou d'un indéfini :

Indéfini
+ **de los cuales, (de las cuales)**
Numéral

ex. Llegó un grupo de soldados dos de los cuales estaban heridos.
Un groupe de soldats arriva dont deux étaient blessés.

3. DONT est complément d'un nom précédé de l'article défini (le, la, les) : CUYO, A, OS, AS

1. CUYO doit être immédiatement suivi du nom dont il est complément
2. CUYO s'accorde en genre et en nombre avec le nom dont il est complément
3. Après CUYO l'emploi de l'article défini est exclu.

ex. El pueblo cuya iglesia veo a lo lejos.
Le village dont j'aperçois au loin l'église.

Es la casa cuya ventana está abierta.
C'est la maison dont la fenêtre est ouverte.

EXPRESSION DE LA CONDITION

1. La condition est réalisable :

ex. Si Hace (présent indicatif) **buen tiempo, iré a la playa.**
S'il fait beau, j'irai à la plage.

Si trabajas bien (présent indicatif), **te doy un caramelo.**
Si tu travailles bien, je te donne un bonbon.

2. La condition n'est pas réalisée au moment où je parle (hypothétique)

ex. Si Hiciera buen tiempo, (Imparfait subjonctif)	**yo iriá a la playa.** (condititionnel présent)
S'il faisait beau (mais il ne fait pas beau), (Imparfait indicatif)	*à la plage* (conditionnel présent)

3. La condition n'a pas été réalisée dans le passé, ni la conséquence

ex. Si Hubiera hecho buen tiempo, (plus que parfait subjonctif)	**yo habría ido ...** (conditionnel passé) **yo hubiera ido ...** (plus que parfait subjonctif)
S'il avait fait beau, (plus que parfait indicatif)	*je serais allé ...* (conditionnel passé)

SER - ESTAR

SER	ESTAR
+ Nom : SOY Pedro. + Pronom : ES él. + Infinitif : Lo mejor ES ganar. + Numeral: SOMOS tres hermanos.	+ C. Circ. de Lieu ¿ Dónde ESTÁ Pedro ? + C. Circ. de Temps ESTAMOS en Otoño.
+ Adjectif qualités essentielles, caractéristiques, physique, nationalité) **ex.** ES rubia. ES alta. ES francesa. Pedro ES trabajador.	**+ Adjectif** (état accidentel, caractéristique exceptionnelle, humeur, santé, ce qui est susceptible de changer) **ex.** ESTÁ triste. ESTÁ contento. Pedro ESTÁ enfermo.
+ Participe passé (action en train de se dérouler, voix passive) **ex.** El ladrón FUE detenido ayer. La casa ES construida por los albañiles.	**+ Participe passé** (résultat de l'action) **ex.** El ladrón ESTÁ detenido en la comisaría. Por fin la casa ESTÁ construida.

LES VERBES RÉGULIERS

Infinitif	Présent Ind.	Présent subj	Impératif	Imparfait	
CANT- AR	Cant- O - AS - A - AMOS - ÁIS - AN	Cant- E - ES - E - EMOS - ÉIS - EN	Cant- A (tú) Cant- E (Ud) Cant- EMOS Cant- AD Cant- EN (Udes)	Cant- ABA - ABAS - ABA - ÁBAMOS - ABAIS - ABAN	
COM- ER	Com- O - ES - E - EMOS - ÉIS - EN	Com- A - AS - A - AMOS - ÁIS - AN	Com- E (tú) Com- A (Ud) Com- AMOS Com- ED Com- AN (Ud)	Com- ÍA - ÍAS - ÍA - ÍAMOS - ÍAIS - ÍAN	
VIV- IR	Viv- O - ES - E - IMOS - ÍS - EN	Viv- A - AS - A - AMOS - ÁIS - AN	Viv- E (tú) Viv- A (Ud) Viv- AMOS Viv- ID Viv- AN (Ud)	Viv- ÍA - ÍAS - ÍA - ÍAMOS - ÍAIS - ÍAN	

1ère conjugaison : – AR
2ème conjugaison : – ER
3ème conjugaison : – IR

Futur	Conditionnel	Passé Simple	Impf. Subj.	Gérondif/ part. pass.
Cantar- É - ÁS - Á - EMOS - ÉIS - ÁN	Cantar- ÍA - ÍAS - ÍA - ÍAMOS - ÍAIS - ÍAN	Cant- É - ASTE - Ó - AMOS - ASTEIS - ARON	Cant- ARA - ARAS - ARA - ÁRAMOS - ÁRAIS - ARAN	Cant- ANDO Cant- ADO
Comer- É - ÁS - Á - EMOS - ÉIS - ÁN	Comer- ÍA - ÍAS - ÍA - ÍAMOS - ÍAIS - ÍAN	Com- Í - ISTE - IÓ - ÍMOS - ÍSTEIS - ÍERON	Com- IERA - IERAS - IERA - IÉRAMOS - IERAIS - IERAN	Com- IENDO Com- IDO
Vivir- É - ÁS - Á - EMOS - ÉIS - ÁN	Vivir- ÍA - ÍAS - ÍA - ÍAMOS - ÍAIS - ÍAN	Viv- Í - ISTE - IÓ - IMOS - ISTEIS - IERON	Viv- IERA - IERAS - IERA - IÉRAMOS - IERAIS - IERAN	Viv- IENDO Viv- IDO

LES VERBES AUXILIAIRES :

Infinitif	Présent Ind.	Présent subj	Impératif	Imparfait	
SER	Soy Eres Es Somos Sois Son	Sea Seas Sea Seamos Seáis Sean	Sé (tú) Sea (Ud) Seamos Sed Sean (Udes)	Era Eras Era Éramos Erais Eran	
ESTAR	Estoy Estás Está Estamos Estáis Están	Esté Estés Esté Estemos Estéis Estén	Está (tú) Esté (Ud) Estemos Estad Estén (Ud)	Estaba Estabas Estaba Estábamos Estabais Estaban	
HABER (s'emploie uniquement comme verbe auxiliaire, ne signifie pas posséder)	He Has Ha Hemos Habéis Han	Haya Hayas Haya Hayamos Hayáis Hayan	inusité	Había habías Había Habíamos Habíais Habían	
TENER (avoir, posséder)	Tengo Tienes Tiene Tenemos Tenéis Tienen	Tenga Tengas Tenga Tengamos Tengáis Tengan	Ten (Tú) Tenga (Ud) Tengamos Tened Tengan (Udes)	Tenía Tenías Tenía Teníamos Teníais Tenían	

SER - ESTAR - HEBER - TENER

	Futur	Conditionnel	Passé Simple	Impf. Subj.	Gérondif/ part. pass.
	Seré Serás Será Seremos Seréis Serán	Sería Serías Sería Seríamos Seríais Serian	Fui Fuiste Fue Fuimos Fuisteis Fueron	Fuera Fueras Fuera Fuéramos Fuerais Fueran	Siendo Sido
	Estaré Estarás Estará Estaremos Estaréis Estarán	Estaría Estarías Estaría Estaríamos Estaríais Estarían	Estuve Estuviste Estuvo Estuvimos Estuvisteis Estuvieron	Estuviera Estuvieras Estuviera Estuviéramos Estuvierais Estuvieran	Estando Estado
	Habré Habrás Habrá Habremos Habréis Habrán	Habría Habrías Habría Habríamos Habríais Habrían	Hube Hubiste Hubo Hubimos Hubisteis Hubieron	Hubiera Hubieras Hubiera Hubiéramos Hubierais Hubieran	Habiendo Habido
	Tendré Tendrás Tendrá Tendremos Tendréis Tendrán	Tendría Tendrías Tendría Tendríamos Tendríais Tendrían	Tuve Tuviste Tuvo Tuvimos Tuvisteis Tuvieron	Tuviera Tuvieras Tuviera Tuviéramos Tuvierais Tuvieran	Teniendo Tenido

PRINCIPAUX VERBES IRRÉGULIERS

Capitale = formes irrégulières, bas de casse = formes régulières

Infinitif	Présent Ind.	Présent subj	Impératif	Imparfait	
ANDAR (marcher)	And-o And-as And-a And-amos And-áis And-an	And-e And-es And-e And-emos And-éis And-en	Anda (tú) Ande (Ud) Andemos Andad Anden (Udes)	And-aba And-abas And-aba And-ábamos And-abais And-aban	
CABER (contenir)	QUEPO Cab-es Cab-e Cab-emos Cab-éis Cab-en	QUEPA QUEPAS QUEPA QUEPAMOS QUEPÁIS QUEPAN	Cabe (tú) QUEPA (Ud) QUEPAMOS Cabed QUEPAN (Udes)	Cab-ía Cab-ías Cab-ía Cab-íamos Cab-íais Cab-ían	
CAER (tomber)	CAIGO Ca-es Ca-e Ca-emos Ca-éis Ca-en	CAIGA CAIGAS CAIGA CAIGAMOS CAIGÁIS CAIGAN	Cae (tú) CAIGA (Ud) CAIGAMOS Caed CAIGAN (Udes)	Ca-ía Ca-ías Ca-ía Ca-íamos Ca-íais Ca-ían	
CONDUCIR (conduire)	CONDUZCO Conduc-es Conduc-e Conduc-imos Conduc-ís Conduc-en	CONDUZCA CONDUZCAS CONDUZCA CONDUZCAMOS CONDUZCÁIS CONDUZCAN	Conduce (tú) CONDUZCA (Ud) CONDUZCAMOS Conducid CONDUZCAN(Udes)	Conduc-ía Conduc-ías Conduc-ía Conduc-íamos Conduc-íais Conduc-ían	

	Futur	Conditionnel	Passé Simple	Impf. Subj.	Gérondif/ part. pass.
	Andar-é Andar-ás Andar-á Andar-emos Andar-éis Andar-án	Andar-ía Andar-ías Andar-ía Andar-íamos Andar-íais Andar-ían	ANDUVE ANDUVISTE ANDUVO ANDUVIMOS ANDUVISTEIS ANDUVIERON	ANDUVIERA ANDUVIERAS ANDUVIERA ANDUVIÉRAMOS ANDUVIERAIS ANDUVIERAN	Andando Andado
	CABRÉ CABRÁS CABRÁ CABREMOS CABRÉIS CABRÁN	CABRÍA CABRÍAS CABRÍA CABRÍAMOS CABRÍAMOS CABRÍAN	CUPE CUPISTE CUPO CUPIMOS CUPISTEIS CUPIERON	CUPIERA CUPIERAS CUPIERA CUPIÉRAMOS CUPIERAIS CUPIERAN	Cabiendo Cabido
	Caer-é Caer-ás Caer-á Caer-emos Caer-éis Caer-án	Caer-ía Caer-ías Caer-ía Caer-íamos Caer-íais Caer-ían	Ca-í Ca-iste CAYÓ Ca-imos Ca-isteis CAYERON	CAYERA CAYERAS CAYERA CAYÉRAMOS CAYERAIS CAYERAN	CAYENDO Caído
	Conducir-é Conducir-ás Conducir-á Conducir-emos Conducir-éis Conducir-án	Conducir-ía Conducir-ías Conducir-ía Conducir-íamos Conducir-íais Conducir-ían	CONDUJE CONDUJISTE CONDUJO CONDUJIMOS CONDUJISTEIS CONDUJERON	CONDUJERA CONDUJERAS CONDUJERA CONDUJÉRAMOS CONDUJERAIS CONDUJERAN	Conduciendo Conducido

PRINCIPAUX VERBES IRRÉGULIERS

Infinitif	Présent Ind.	Présent subj	Impératif	Imparfait	
CONOCER (connaître)	CONOZCO Conoc-es Conoc-e Conoc-emos Conoc-éis Conoc-en	CONOZCA CONOZCAS CONOZCA CONOZCAMOS CONOZCÁIS CONOZCAN	Conoce(tú) CONOZCA(Ud) CONOZCAMOS Conoced CONOZCAN(Udes)	Conoc-ía Conoc-ías Conoc-ía Conoc-íamos Conoc-íais Conoc-ían	
DAR (donner)	DOY Das Da Damos Dáis Dan	Dé Des Dé Demos Déis Den	Da (tú) Dé (Ud) Demos Dad Den (Udes)	D-aba D-abas D-aba D-ábamos D-abais D-aban	
DECIR (dire)	DIGO DICES DICE Dec-imos Dec-ís DICEN	DIGA DIGAS DIGA DIGAMOS DIGÁIS DIGAN	DI (tú) DIGA (Ud) DIGAMOS Decid DIGAN (Udes)	Dec-ía Dec-ías Dec-ía Dec-íamos Dec-íais Dec-ían	
DORMIR (dormir)	DUERMO DUERMES DUERME Dorm-imos Dorm-ís DUERMEN	DUERMA DUERMAS DUERMA DURMAMOS DURMÁIS DUERMAN	DUERME (tú) DUERMA (Ud) DURMAMOS Dormid DUERMAN(Udes)	Dorm-ía Dorm-ías Dorm-ía Dorm-íamos Dorm-íais Dorm-ían	

	Futur	Conditionnel	Passé Simple	Impf. Subj.	Gérondif/ part. pass.
	Conocer-é Conocer-ás Conocer-á Conocer-emos Conocer-éis Conocer-án	Conocer-ía Conocer-ías Conocer-ía Conocer-íamos Conocer-íais Conocer-ían	Conoc-í Conoc-iste Conoc-ió Conoc-imos Conoc-isteis Conoc-ieron	Conoc-iera Conoc-ieras Conoc-iera Conoc-iéramos Conoc-ierais Conoc-ieran	Conociento Conocido
	Dar-é Dar-ás Dar-á Dar-emos Dar-éis Dar-án	Dar-ía Dar-ías Dar-ías Dar-íamos Dar-íais Dar-ían	DI DISTE DIO DIMOS DISTEIS DIERON	DIERA DIERAS DIERA DIÉRAMOS DIERAIS DIERAN	Dando Dado
	DIRÉ DIRÁS DIRÁ DIREMOS DIRÉIS DIRÁN	DIRÍA DIRÍAS DIRÍA DIRÍAMOS DIRÍAIS DIRÍAN	DIJE DIJISTE DIJO DIJISTE DIJISTEIS DIJERON	DIJERA DIJERAS DIJERA DIJÉRAMOS DIJERAIS DIJERAN	DICIENDO DICHO
	Dormir-é Dormir-ás Dormir-á Dormir-emos Dormir-éis Dormir-án	Dormir-ía Dormir-ías Dormir-ías Dormir-íamos Dormir-íais Dormir-ían	Dorm-í Dorm-íste DURMIÓ Dorm-imos Dorm-isteis DURMIERON	DURMIERA DURMIERAS DURMIERA DURMIÉRAMOS DURMIERAIS DURMERIAN	DURMIENDO Dormido

PRINCIPAUX VERBES IRRÉGULIERS

Infinitif	Présent Ind.	Présent subj	Impératif	Imparfait	
HACER	HAGO	HAGA		Hac-ía	
(faire)	Hac-es	HAGAS	HAZ (tú)	Hac-ías	
	Hac-e	HAGA	HAGA (Ud)	Hac-ía	
	Hac-emos	HAGAMOS	HAGAMOS	Hac-íamos	
	Hac-éis	HAGÁIS	Haced	Hac-íais	
	Hac-en	HAGAN	HAGAN (Udes)	Hac-ían	
IR	VOY	VAYA		IBA	
(aller)	VAS	VAYAS	VE (tú)	IBAS	
	VA	VAYA	VAYA (Ud)	IBA	
	VAMOS	VAYAMOS	VAYAMOS	ÍBAMOS	
	VAIS	VAYÁIS	Id	IBAIS	
	VAN	VAYAN	VAYAN (Udes)	IBAN	
OÍR	OIGO	OIGA		O-ía	
(entendre)	OYES	OIGAS	OYE (tú)	O-ías	
	OYE	OIGA	OIGA (Ud)	O-ía	
	Oímos	OIGAMOS	OIGAMOS	O-íamos	
	Oís	OIGÁIS	Oid	O-íais	
	OYEN	OIGAN	OIGAN (Udes)	O-ían	
PEDIR	PIDO	PIDA		Ped-ía	
(demander)	PIDES	PIDAS	PIDE (tú)	Ped-ías	
	PIDE	PIDA	PIDA (Ud)	Ped-ía	
	Ped-imos	PIDAMOS	PIDAMOS	Ped-íamos	
	Ped-ís	PIDÁIS	Pedid	Ped-íais	
	PIDEN	PIDAN	PIDAN (Udes)	Ped-ían	

	Futur	Conditionnel	Passé Simple	Impf. Subj.	Gérondif/ part. pass.
	HARÉ	HARÍA	HICE	HICIERA	
	HARÁS	HARÍAS	HICISTE	HICIERA	Haciendo
	HARÁ	HARÍA	HIZO	HICIERA	
	HAREMOS	HARÍAMOS	HICIMOS	HICIÉRAMOS	
	HARÉIS	HARÍAIS	HICISTEIS	HICIERAIS	HECHO
	HARÁN	HARÍAN	HICIERON	HICIERAN	
	Ir-é	Ir-ía	FUI	FUERA	
	Ir-ás	Ir-ías	FUISTE	FUERAS	YENDO
	Ir-á	Ir-ía	FUE	FUERA	
	Ir-emos	Ir-íamos	FUIMOS	FUÉRAMOS	
	Ir-éis	Ir-íais	FUISTEIS	FUERAIS	Ido
	Ir-án	Ir-ían	FUERON	FUERAN	
	Oir-é	Oir-ía	Oí	OYERA	
	Oir-ás	Oir-ías	Oíste	OYERAS	OYENDO
	Oir-á	Oir-ía	OYÓ	OYERA	
	Oir-emos	Oir-íamos	Oimos	OYÉRAMOS	
	Oir-éis	Oir-íais	Oisteis	OYERAIS	Oido
	Oir-án	Oir-ían	OYERON	OYERAN	
	Pedir-é	Pedir-ía	Ped-í	PIDIERA	
	Pedir-ás	Pedir-ías	Ped-íste	PIDIERAS	PIDIENDO
	Pedir-á	Pedir-ía	PIDIÓ	PIDIERA	
	Pedir-emos	Pedir-íamos	Ped-ímos	PIDIÉRAMOS	
	Pedir-éis	Pedir-íais	Ped-ísteis	PIDIERAIS	Pedido
	Pedir-án	Pedir-ían	PIDIERON	PIDIERAN	

PRINCIPAUX VERBES IRRÉGULIERS

Infinitif	Présent Ind.	Présent subj	Impératif	Imparfait	
PODER (pouvoir)	PUEDO PUEDES PUEDE Pod-emos Pod-éis PUEDEN	PUEDA PUEDAS PUEDA Pod-amos Pod-áis PUEDAN	PUEDE (Tú) PUEDA (Ud) Podamos Poded PUEDAN (Udes)	Pod-ía Pod-ías Pod-ía Pod-íamos Pod-íais Pod-ían	
PONER (mettre)	PONGO Pon-es Pon-e Pon-emos Pon-éis Pon-en	PONGA PONGAS PONGA PONGAMOS PONGÁIS PONGAN	PON(tú) PONGA(Ud) PONGAMOS Poned PONGAN(Udes)	Pon-ía Pon-ías Pon-ía Pon-íamos Pon-íais Pon-ían	
QUERER (vouloir)	QUIERO QUIERES QUIERE Quer-emos Quer-éis QUIEREN	QUIERA QUIERAS QUIERA QUERAMOS QUERÁIS QUIERAN	QUIERE (tú) QUIERA (Ud) QUERAMOS Quered QUIERAN (Udes)	Quer-ía Quer-ías Quer-ía Quer-íamos Quer-íais Quer-ían	
SABER (savoir)	SÉ Sab-es Sab-e Sab-emos Sab-éis Sab-en	SEPA SEPAS SEPA SEPAMOS SEPÁIS SEPAN	Sabe (tú) SEPA (Ud) SEPAMOS Sabed SEPAN (Udes)	Sab-ía Sab-ías Sab-ía Sab-íamos Sab-íais Sab-ían	

	Futur	Conditionnel	Passé Simple	Impf. Subj.	Gérondif/ part. pass.
	PODRÉ PODRÁS PODRÁ PODREMOS PODRÉIS PODRÁN	PODRÍA PODRÍAS PODRÍA PODRÍAMOS PODRÍAIS PODRÍAN	PUDE PUDISTE PUDO PUDIMOS PUDISTEIS PUDIERON	PUDIERA PUDIERAS PUDIERA PUDIÉRAMOS PUDIERAIS PUDIERAN	PUDIENDO Podido
	PONDRÉ PONDRÁS PONDRÁ PONDREMOS PONDRÉIS PONDRÁN	PONDRÍA PONDRÍAS PONDRÍA PONDRÍAMOS PONDRÍAIS PONDRÍAN	PUSE PUSISTE PUSO PUSIMOS PUSISTEIS PUSIERON	PUSIERA PUSIERAS PUSIERA PUSIÉRAMOS PUSIERAIS PUSIERAN	Poniendo PUESTO
	QUERRÉ QUERRÁS QUERRÁ QUERREMOS QUERRÉIS QUERRÁN	QUERRÍA QUERRÍAS QUERRÍA QUERRÍAMOS QUERRÍAIS QUERRÍAN	QUISE QUISISTE QUISO QUISIMOS QUISISTEIS QUISIERON	QUISIERA QUISIERAS QUISIERA QUISIÉRAMOS QUISIERAIS QUISIERAN	Queriendo Querido
	SABRÉ SABRÁS SABRÁ SABREMOS SABRÉIS SABRÁN	SABRÍA SABRÍAS SABRÍA SABRÍAMOS SABRÍAIS SABRÍAN	SUPE SUPISTE SUPO SUPIMOS SUPISTEIS SUPIERON	SUPIERA SUPIERAS SUPIERA SUPIÉRAMOS SUPIERAIS SUPIERAN	Sabiendo Sabido

PRINCIPAUX VERBES IRRÉGULIERS

Infinitif	Présent Ind.	Présent subj	Impératif	Imparfait	
SALIR (sortir)	SALGO Sal-es Sal-e Sal-imos Sal-ís Sal-en	SALGA SALGAS SALGA SALGAMOS SALGÁIS SALGAN	SAL (tú) SALGA (Ud) SALGAMOS Salid SALGAN(Udes)	Sal-ía Sal-ías Sal-ía Sal-íamos Sal-íais Sal-ían	
SENTIR (sentir) (ressentir)	SIENTO SIENTES SIENTE Sent-imos Sent-ís SIENTEN	SIENTA SIENTAS SIENTA SINTAMOS SINTÁIS SIENTAN	SIENTE (tú) SIENTA (Ud) SINTAMOS Sentid SIENTAN (Udes)	Sent-ía Sent-ías Sent-ía Sent-íamos Sent-íais Sent-ían	
TRAER (apporter)	TRAIGO Tra-es Tra-e Tra-emos Tra-éis Tra-en	TRAIGA TRAIGAS TRAIGA TRAIGAMOS TRAIGÁIS TRAIGAN	Trae-(tú) TRAIGA (Ud) TRAIGAMOS Traed TRAIGAN (Udes)	Tra-ía Tra-ías Tra-ía Tra-íamos Tra-íais Tra-ían	
VALER (Valoir)	VALGO Val-es Val-e Val-emos Val-éis Val-en	VALGA VALGAS VALGA VALGAMOS VALGÁIS VALGAN	Vale (tú) VALGA (Ud) VALGAMOS Valed VALGAN (Udes)	Val-ía Val-ías Val-ía Val-íamos Val-íais Val-ían	

	Futur	Conditionnel	Passé Simple	Impf. Subj.	Gérondif/ part. pass.
	SALDRÉ SALDRÁS SALDRÁ SALDREMOS SALDRÉIS SALDRÁN	SALDRÍA SALDRÍAS SALDRÍA SALDRÍAMOS SALDRÍAIS SALDRÍAN	Sal-í Sal-íste Sal-ió Sal-imos Sal-isteis Sal-ieron	Sal-iera Sal-ieras Sal-iera Sal-iéramos Sal-ierais Sal-ieran	Saliendo Salido
	Sentir-é Sentir-ás Sentir-á Sentir-emos Sentir-éis Sentir-án	Sentir-ía Sentir-ías Sentir-ía Sentir-íamos Sentir-íais Sentir-ían	Sent-í Sent-íste SINTIÓ Sent-imos Sent-isteis SINTIERON	SINTIERA SINTIERAS SINTIERA SINTIÉRAMOS SINTIERAIS SINTIERAN	SINTIENDO Sentido
	Traer-é Traer-ás Traer-á Traer-emos Traer-éis Traer-án	Traer-ía Traer-ías Traer-ía Traer-íamos Traer-íais Traer-ían	TRAJE TRAJISTE TRAJO TRAJIMOS TRAJISTEIS TRAJERON	TRAJERA TRAJERAS TRAJERA TRAJÉRAMOS TRAJERAIS TRAJERAN	TRAYENDO Traido
	VALDRÉ VALDRÁS VALDRÁ VALDREMOS VALDRÉIS VALDRÁN	VALDRÍA VALDRÍAS VALDRÍA VALDRÍAMOS VALDRÍAIS VALDRÍAN	Val-í Val-íste Val-ió Val-imos Val-isteis Val-ieron	Val-iera Val-ieras Val-iera Val-iéramos Val-ierais Val-ieran	Valiendo Valido

PRINCIPAUX VERBES IRRÉGULIERS

Infinitif	Présent Ind.	Présent subj	Impératif	Imparfait	
VENIR (venir)	VENGO VIENES VIENE Ven-imos Ven-ís VIENEN	VENGA VENGAS VENGA VENGAMOS VENGÁIS VENGAN	 VEN (tú) VENGA (Ud) VENGAMOS Venid VENGAN (Udes)	Ven-ía Ven-ías Ven-ía Ven-íamos Ven-íais Ven-ían	
VER (voir)	VEO V-es V-e V-emos V-eis V-en	VEA VEAS VEA VEAMOS VEÁIS VEAN	 Ve (tú) VEA (Ud) VEAMOS Ved VEAN (Udes)	VEÍA VEÍAS VEÍA VEÍAMOS VEÍAIS VEÍAN	

	Futur	Conditionnel	Passé Simple	Impf. Subj.	Gérondif/ part. pass.
	VENDRÉ VENDRÁS VENDRÁ VENDREMOS VENDRÉIS VENDRÁN	VENDRÍA VENDRÍAS VENDRÍA VENDRÍAMOS VENDRÍAIS VENDRÍAN	VINE VINISTE VINO VINIMOS VINISTEIS VINIERON	VINIERA VINIERAS VINIERA VINIERAMOS VINIERAIS VINIERAN	VINIENDO Venido
	Ver-é Ver-ás Ver-á Ver-emos Ver-éis Ver-án	Ver-ía Ver-ías Ver-ía Ver-ía Ver-íais Ver-ían	V-i V-iste V-io V-imos V-isteis V-ieron	V-iera V-ieras V-iera V-iéramos V-ierais V-ieran	Viendo VISTO

8
2
7
9
4
3
5
1
6
10
11
12
13
14
25
22
23
24
21
18
19
17
15
20
16

1. **el escritorio**
2. el muro
3. la silla
4. el armorio ??
5. la esponja ??
6.
7.
8. la mapa
9. el jersey
10. la alumna
11. los zapatillos / las zapatas
12. el ~~libro~~ libro
13. el cuaderno
14. la maleta ?
15.
16.
17.
18.
19. **el compás**
20.
21.
22.
23.
24.
25.

1
2
3
4
5
6
7
8
9
10
11
12
13
14
15
16
17
18
19

1.
2. el muro
3. la ventanilla
4.
5.
6.
7. las escaleras
8.
9.
10.
11.
12.
13.
14.
15.
16.
17. el arbol
18.
19.

1
2
3
4
5
6
7
8
9
10
11
12
13
14
15
16
17
18
19
20
21

1.
2. **el visillo**
3. la ventana
4. el muro
5. el cuadro
6. la chemenea
7. el fuego
8. **el equipo hi-fi**
9. **el piano**
10. **el sofá**
11.
12. el cenicero
13. la luz ?
14. la mesa baja
15. las flores
16.
17. la television
18. el telefono
19.
20.
21. la silla

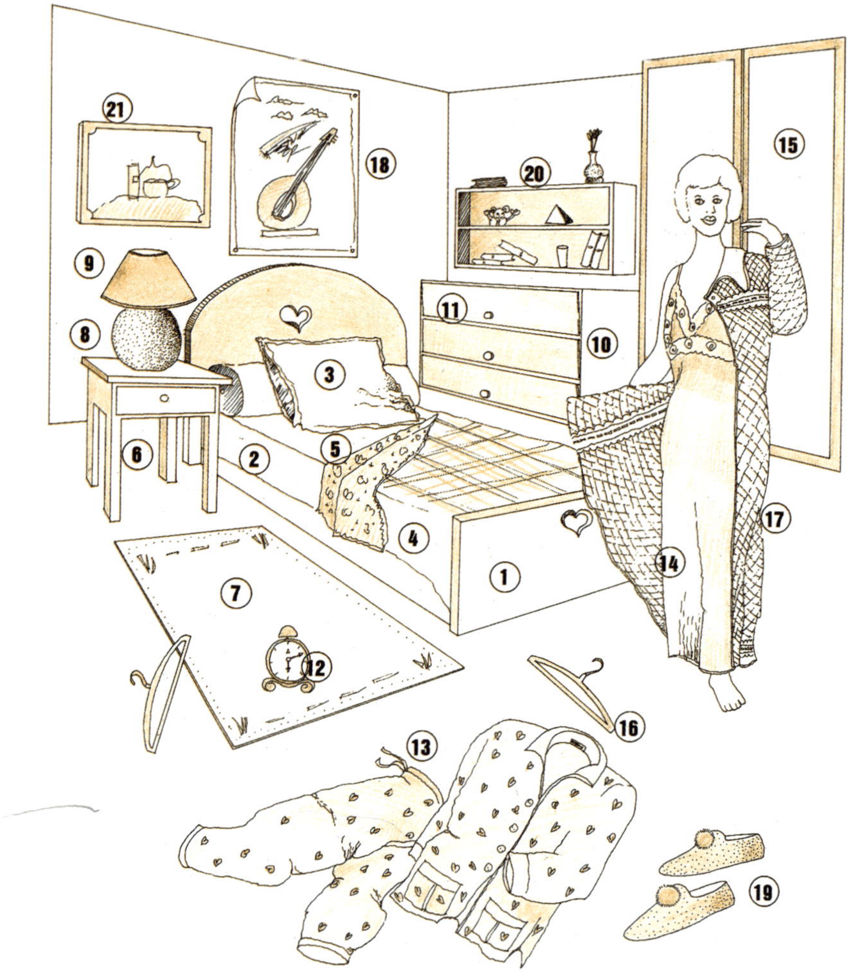
21
18
20
15
9
8
11
10
3
6
2
5
4
1
17
7
14
12
16
13
19

1.
2.
3.
4.
5.
6. la mesilla de noche
7.
8.
9.
10. la cómoda
11.
12.
13.
14.
15.
16.
17.
18.
19.
20.
21.

1
25
6
10
7
8
9
3
2
4
15
5
16
24
22
20
21
18
23
19
26
17
12
11
13
14

1.
2.
3.
4. la pila
5.
6.
7.
8.
9.
10.
11.
12.
13.
14. la aljofifa
15. la lavadora
16. el lavavajillas
17.
18.
19.
20.
21.
22.
23.
24.
25.
26.

1
2
3
4
5
6
7
8
9
10

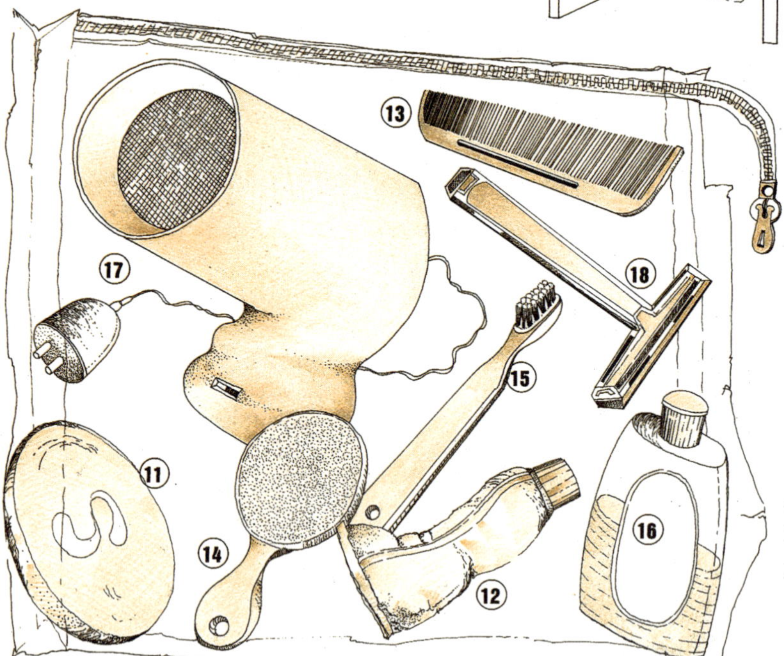
11
12
13
14
15
16
17
18

1.
2.
3.
4. el lavabo
5.
6.
7. el albornoz
8. el pesa personas
9. el papel higiénico
10. el retrete
11.
12. la pasta dentífrica
13.
14.
15. el cepillo de dientes
16. el champú
17. el secador
18. la máquina de afeitar

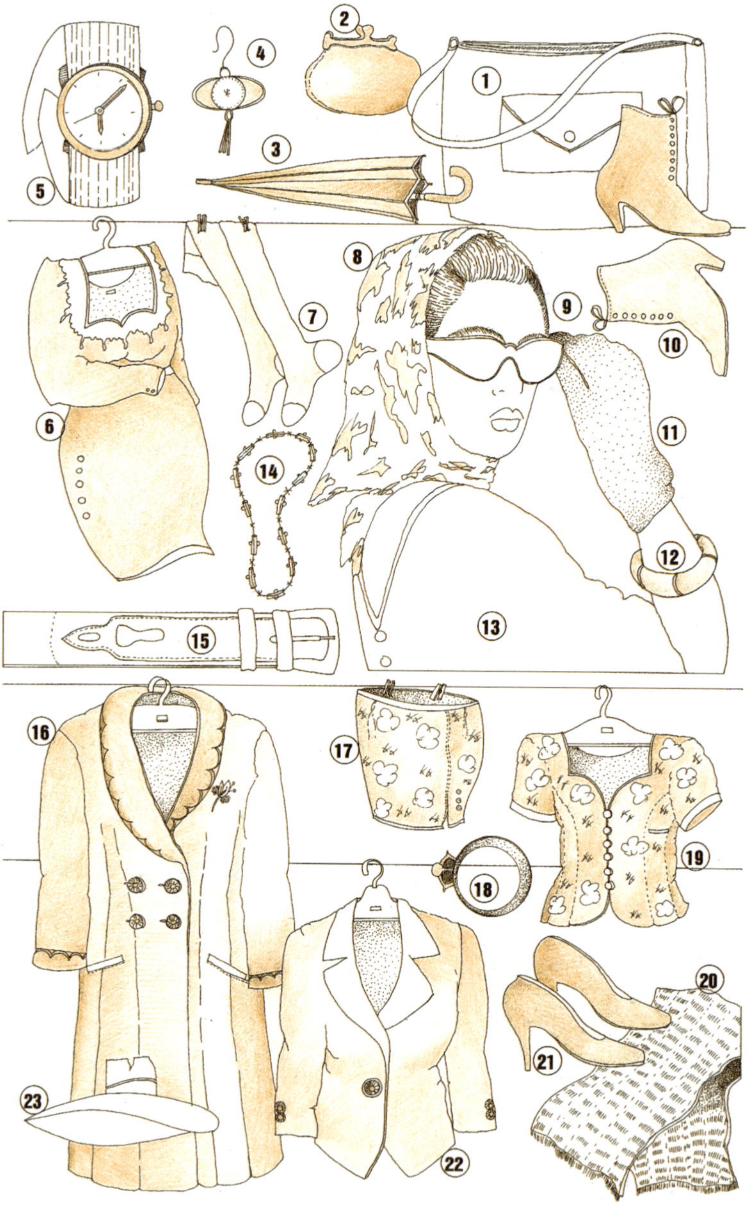
1
2
3
4
5
6
7
8
9
10
11
12
13
14
15
16
17
18
19
20
21
22
23

1.
2.
3.
4.
5.
6.
7. medias
8.
9.
10.
11. el guante
12.
13.
14. el collar
15.
16.
17.
18. el anillo
19. la blusa
20. el chal
21.
22.
23.

1
2
3
4
5
6
7
8
9
10
11
12
13
14
15
16
17
18
19
20

1.
2.
3. la pajarita
4.
5. la gorra
6.
7.
8.
9. los tirantes
10.
11.
12.
13.
14. el botón
15.
16. el impermeable
17.
18.
19.
20.

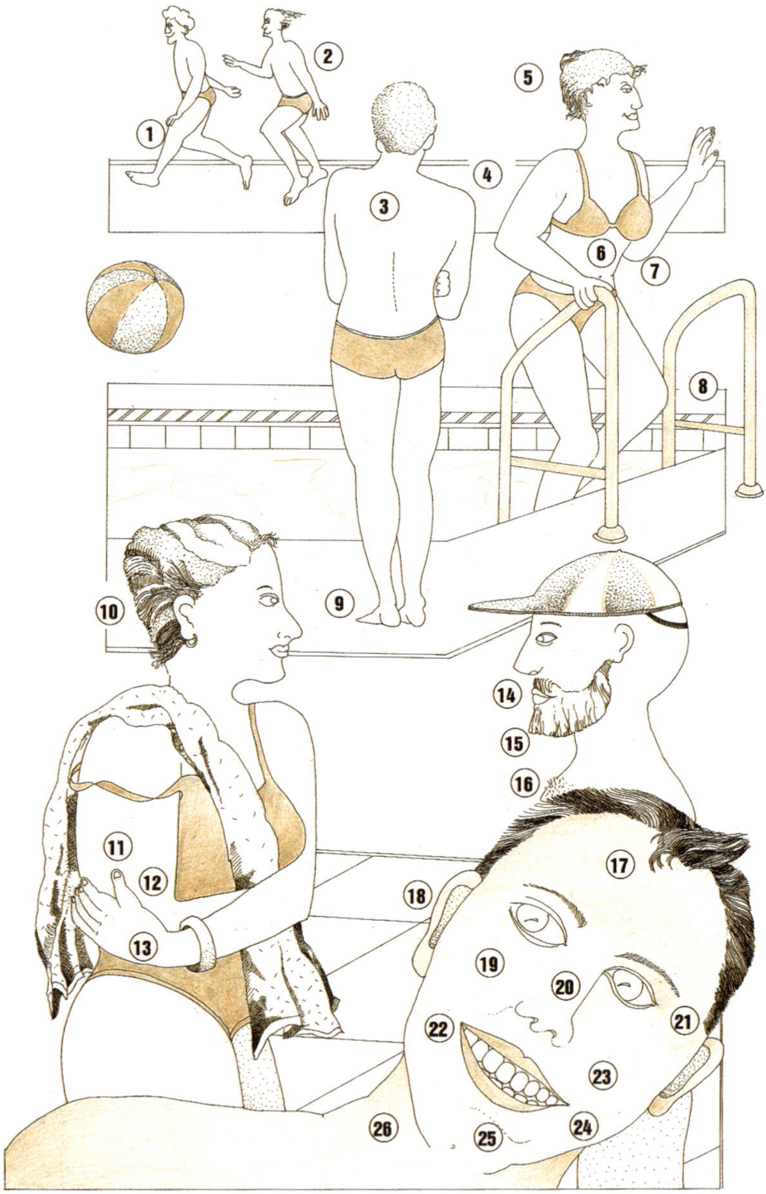
1
2
3
4
5
6
7
8
9
10
11
12
13
14
15
16
17
18
19
20
21
22
23
24
25
26

1.
2.
3.
4.
5.
6.
7.
8.
9.
10.
11.
12.
13.
14.
15. **la barba**
16.
17.
18.
19.
20.
21.
22.
23.
24.
25. **la barbilla**
26.

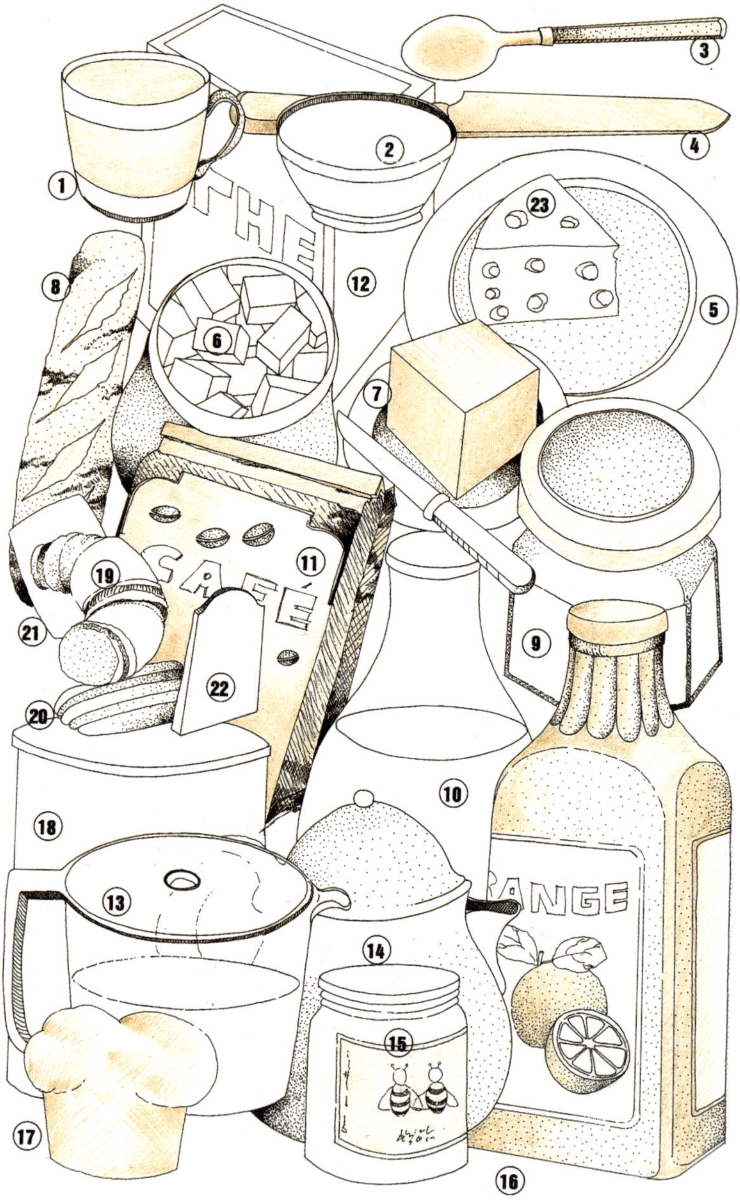
1
2
3
4
5
6
7
8
9
10
11
12
13
14
15
16
17
18
19
20
21
22
23
THE
CAFÉ
ANGE

1.
2.
3.
4.
5.
6.
7.
8.
9.
10.
11.
12.
13.
14.
15.
16.
17. el bollo
18.
19. el croissant
20.
21.
22. el bizcocho
23.

1
2
3
4
5
6
7
8
9
10
11
12
13
14
15
16
17
18
19
20
21
22
23
24
25
26
27
28
29
30
31

1.
2.
3.
4.
5.
6.
7. la mostaza
8.
9.
10.
11.
12.
13.
14.
15.
16.
17.
18.
19.
20.
21.
22.
23.
24. la coca-cola
25.
26.
27.
28.
29.
30.
31.

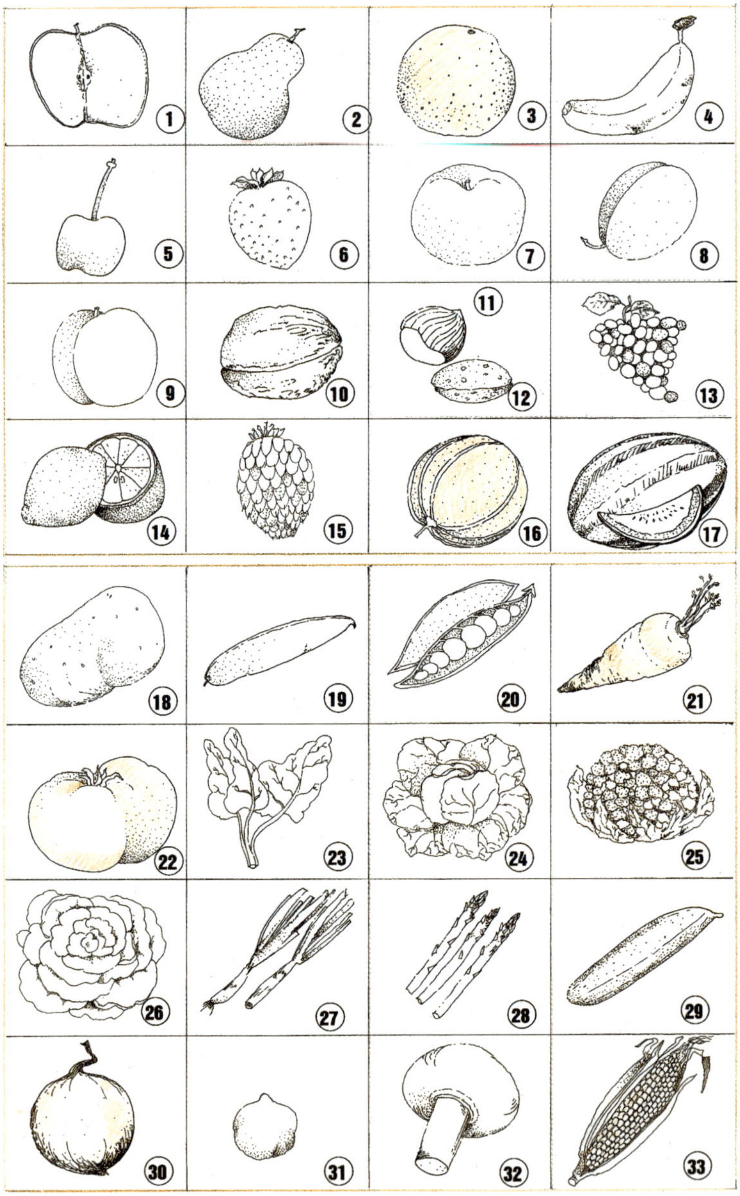
1
2
3
4
5
6
7
8
9
10
11
12
13
14
15
16
17
18
19
20
21
22
23
24
25
26
27
28
29
30
31
32
33

1.
2.
3.
4.
5.
6.
7.
8. la ciruela
9. el albaricoque
10.
11.
12.
13.
14.
15. la frambuesa
16.
17.
18.
19.
20.
21.
22.
23. la espinaca
24.
25.
26. la lechuga
27. el puerro
28. el espárrago
29.
30.
31.
32.
33.

9
10
11
CORREOS
12
BANCO
13
1
CINE
ÁTAME
15
14
16
DALÍ
MUSEO
17
BAR
18
20
4
8
19
5
3
21
2
7
6

1.
2.
3.
4.
5.
6. el metro
7.
8.
9.
10.
11. la oficina de Correos
12.
13.
14.
15.
16.
17. el bar
18.
19.
20.
21.

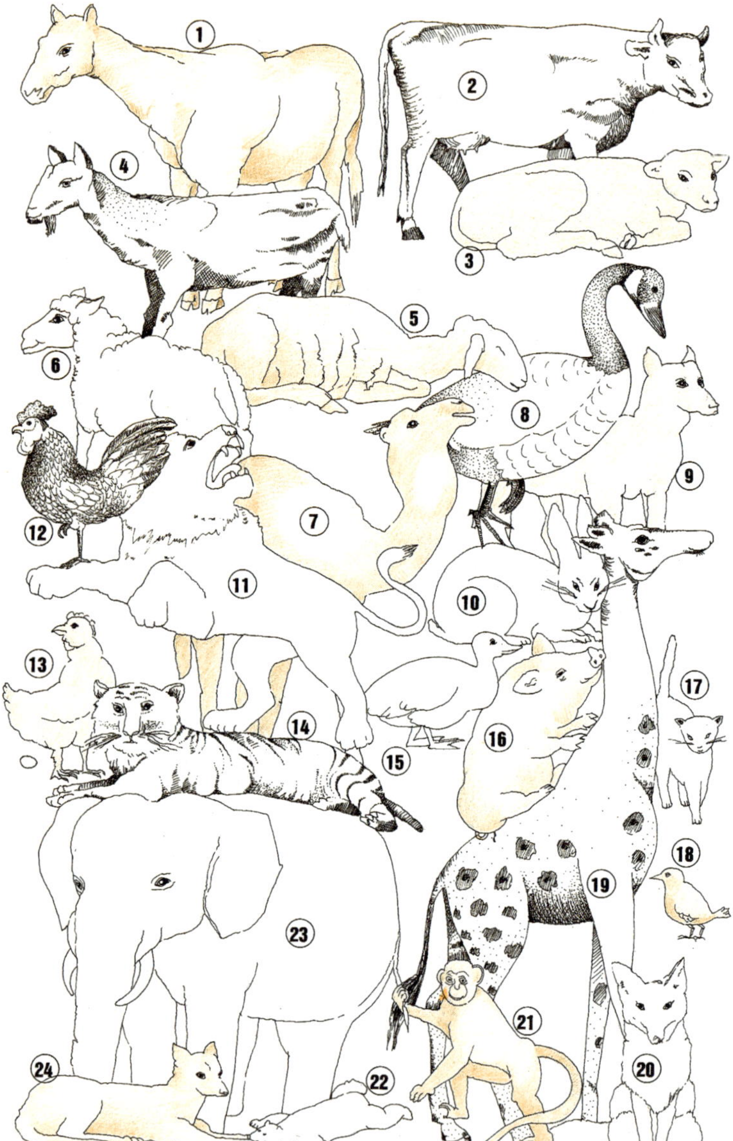
1
2
3
4
5
6
7
8
9
10
11
12
13
14
15
16
17
18
19
20
21
22
23
24

1.
2.
3.
4.
5.
6.
7. el camello
8. el ganso
   la oca
9.
10.
11. el león
12.
13.
14. el tigre
15.
16.
17.
18.
19. la jirafa
20.
21.
22.
23. el elefante
24.

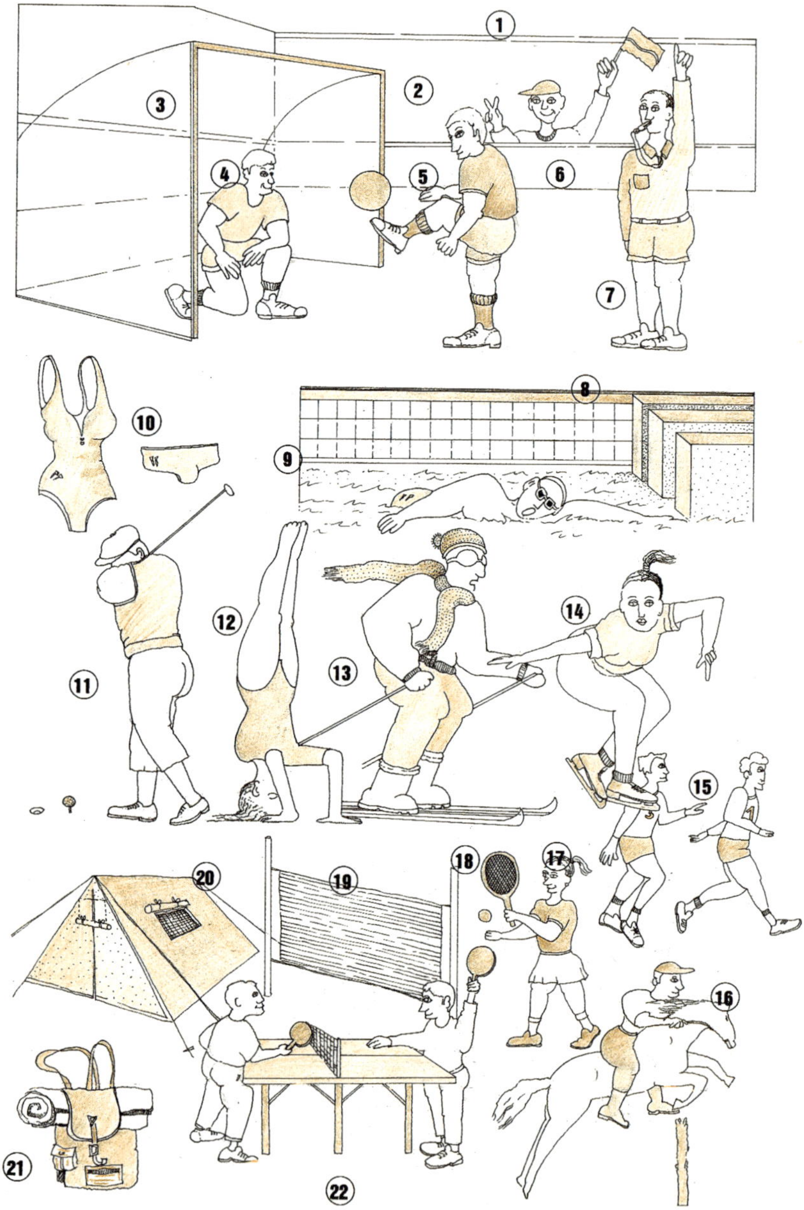
1
2
3
4
5
6
7
8
9
10
11
12
13
14
15
16
17
18
19
20
21
22

1.
2. el estadio
3. la portería
4. el guardameta
   el portero
5.
6.
7. el árbitro
8.
9. la natación
10.
11. el golf
12.
13.
14. el patín (de cuchilla)
15.
16. la equitación
17. el tenis
18. la raqueta
19.
20.
21.
22. el tenis de mesa

1
2
3
4
5
6
7
8
9
10
11
12
13
14
15
16
17
18

1.
2.
3.
4.
5.
6.
7.
8. el motor
9.
10.
11. el volante
12.
13. el avión
14.
15.
16.
17.
18.

Imprimé en France par IME - 25110 — Baume-les-Dames
Dépôt légal n° 7262-04/92
Collection n° 37 - Edition n° 01
16/6385/5